B站运营大揭秘

百万Up主真想教会你的创作笔记 >>>>

GenJi是真想教会你 鱼C-小甲鱼 阿Test正经比比 编著

电子工业出版社

Publishing House of Electronics Industry

北京•BEIJING

内 容 简 介

本书由B站的三位百万级Up主（GenJi是真想教会你、鱼C-小甲鱼、阿Test正经比比）联合打造，为读者提供了B站独家运营秘籍。

全书总计8章。第1章重点讲解B站的特点、内容推荐算法、文化、分区和会员等级，以及如何在B站注册账号及投稿。第2章讲解在B站投稿前要知道的事儿，涉及怎样找到自己的人设，什么是好的用户名，如何策划视频选题，如何创作视频及填写更好的投稿信息。第3章详细介绍B站创作中心与帮助方面的内容，涉及内容管理、数据中心、粉丝管理、互动管理、收益管理、创作成长、创作权益、必合协作、创作实验室、社区公约、创作设置、帮助等。第4章讲解常用的视频录制设备，包括拍摄设备、音频采集设备、补光灯、画面稳定设备及其他配件。第5章讲解必剪的主界面、常用的剪辑功能，以及音乐和音效、文字、画布、画中画、贴纸、一键三连等功能，同时提供了关于剪辑思维的实用建议。第6章讲解粉丝运营秘籍，涉及视频之间的跳转、合集、分P稿件、视频推荐机制、互动性很强的5类弹幕、一键三连、定期投稿、联合投稿、从其他平台引流的技巧，以及获得收益的其他方式。第7章深入讲解直播方面的内容，涉及开通直播间、直播设备要求、直播设置、直播分区、直播技巧及直播玩法等。第8章讲解高手会遇到的事儿，涉及是做全职还是做兼职、爆款视频背后的痛点、账号的生命周期、分发策略、是否组建团队、打造账号矩阵、竖版视频、热门视频选题、黄金发布时间等。

如果你想成为或已成为B站Up主，或者对B站运营相关的内容感兴趣，那么本书都适合你阅读和参考。

图书在版编目（CIP）数据

B站运营大揭秘：百万Up主真想教会你的创作笔记 / GenJi是真想教会你，鱼C-小甲鱼，阿Test正经比比编著.—北京：电子工业出版社，2024.4

ISBN 978-7-121-47305-0

Ⅰ.①B… Ⅱ.①G…②鱼…③阿… Ⅲ.①网络营销 Ⅳ.①F713.365.2

中国国家版本馆CIP数据核字（2024）第023662号

责任编辑：张国霞

印　　刷：北京瑞禾彩色印刷有限公司
装　　订：北京瑞禾彩色印刷有限公司
出版发行：电子工业出版社
　　　　　北京市海淀区万寿路173信箱　　邮编：100036
开　　本：720×1000　　1/16　　印张：13　　字数：240千字
版　　次：2024年4月第1版
印　　次：2024年4月第1次印刷
印　　数：4000册
定　　价：99.00元

凡所购买电子工业出版社图书有缺损问题，请向购买书店调换。若书店售缺，请与本社发行部联系，联系及邮购电话：（010）88254888，88258888。

质量投诉请发邮件至zlts@phei.com.cn，盗版侵权举报请发邮件至dbqq@phei.com.cn。

本书咨询联系方式：faq@phei.com.cn。

为什么写作本书

B站现已成为集视频分享、直播互动、社区讨论于一体的综合性自媒体平台，并在迅速发展，有越来越多的人在B站发布视频和直播，希望通过运营账号及输出高质量的内容来吸引粉丝和有所收益。

然而，随着自媒体行业竞争日益激烈，B站创作者会面临越来越多的挑战，特别是在内容创作和粉丝运营方面，因此深入理解B站运营策略变得尤为重要。本书由B站的三位百万级Up主（GenJi是真想教会你、鱼C-小甲鱼、阿Test正经比比）联合打造，为想成为或已成为B站Up主的读者及对B站运营相关内容感兴趣的读者，提供了B站独家运营秘籍。

本书概要

全书总计8章，这里对每一章简单介绍如下。

- 第1章重点讲解B站的特点、内容推荐算法、文化、分区和会员等级，以及如何在B站注册账号及投稿。

- 第2章讲解在B站投稿前要知道的事儿，涉及怎样找到自己的人设，什么是好的用户名，如何策划视频选题，如何创作视频及填写更好的投稿信息。

- 第3章详细介绍B站创作中心与帮助方面的内容，涉及内容管理、数据中心、粉丝管理、互动管理、收益管理、创作成长、创作权益、必合协作、创作实验室、社区公约、创作设置、帮助等。

- 第4章讲解常用的视频录制设备，包括拍摄设备、音频采集设备、补光灯、画面稳定设备及其他配件。

- 第5章讲解必剪的主界面、常用的剪辑功能，以及音乐和音效、文字、画布、画中画、贴纸、一键三连等功能，同时提供了关于剪辑思维的实用建议。

- 第6章讲解粉丝运营秘籍，涉及视频之间的跳转、合集、分P稿件、视频推荐机制、互动性很强的5类弹幕、一键三连、定期投稿、联合投稿、从其他平台引流的技巧，以及获得收益的其他方式。

- 第7章深入讲解直播方面的内容，涉及开通直播间、直播设备要求、直播设置、直播分区、直播技巧及直播玩法等。

- 第8章讲解高手会遇到的事儿，涉及是做全职还是做兼职、爆款视频背后的痛点、账号的生命周期、分发策略、是否组建团队、打造账号矩阵、竖版视频、热门视频选题、黄金发布时间等。

特别说明

本书所讲解内容基于本书出版时的B站版本，具体操作界面可能与B站最新版本存在细微差异，但不影响读者阅读和参考。

相关资源

为了更好地为本书读者服务，我们为本书提供了读者群及配套视频课程（部分收费），加群方式及课程获取方式请参考本书封底的"读者服务"。

CONTENTS
—— 目录

第 1 章

B站那些事儿

1.1　从B站的2023年第二季度财报说起

B站于2023年8月17日发布了其2023年第二季度财报。我们从这份报告中可以看到B站在2023年第二季度的关键数据表现：日均活跃用户增长至9650万，同比增长15%；总营收为53亿元人民币；毛利润同比增长66%，显著提升；调整后净亏损同比大幅收窄51%。其部分截图如图1-1所示。

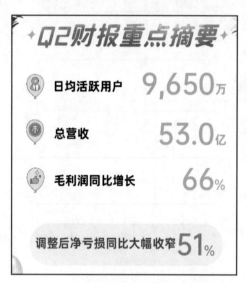

图1-1　B站发布的其2023年第二季度财报的部分截图

1.2　什么是B站

B站，原名为MikuFans，始创于2009年6月26日，最初的设立目标是为用户创建一个稳定的ACG相关的弹幕视频分享平台。ACG中的A指动画（Animation），C指漫画（Comic），G指电子游戏（Game）。2010年1月24日，该站更名为"bilibili"，简称"B站"。

随着发展，B站的内容已超越原来的ACG范畴。目前，B站主要的版块包括：番剧、国创、放映厅、纪录片、漫画、专栏、直播、课堂、动画、音乐、舞蹈、游戏、知识、数码、生活、美食、Vlog、鬼畜、时尚、娱乐、影视、电影、电视剧和音频。此外，B站还设有会员购、专题中心、全区排行榜、活动中心、能量加油站、社区中心、工坊集市、小黑屋、音乐PLUS、游戏中心（B站代理的游戏发布平台）及游戏赛事区域等功能版块和服务。

1.3 什么是Up主

B站的视频主要靠用户来创作和提供。自己创作并在B站上传视频的用户，就被称为"Up主"。其实，"Up主"一词最初并非指资源所有人（版权人），而是指上传者（Uploader）。

1.4 B站与其他视频平台的区别

在在线视频的"江湖"中，B站有自己的独门秘籍。

- 不依靠影视版权和会员费。

- 不依靠短视频，B站大部分视频的播放时长都为5～15分钟，有的甚至能达到40分钟。

此外，B站的用户黏性和互动率都特别高，有共同兴趣或爱好的用户形成了相应的群体或社区。B站更多的是作为社区，而不是仅作为视频工具。这也是B站与其他视频平台的区别，所以其内容推荐算法也有自己的特色。接下来会详细解读其内容推荐算法。

1.5 B站的内容推荐算法

B站的内容推荐算法大多是流量分发算法，即视频的曝光率依赖于视频播放情况及互动数据，与视频创作者拥有的粉丝量关系不大。某视频在被发布后，并不意味着会被所有用户都刷到，其完播率越高，点赞量和分享量越多，被系统分发到的流量池才会越大，被用户刷到的机会就会越多。

B站还采用了内容匹配算法，即推荐视频不完全依赖于算法，而是将粉丝关系与算法匹配相结合，主要体现为以下两点。

（1）B站推荐视频采用的是"强关注"模式，即优先将Up主发布的视频推送给其粉丝。B站的很多用户都习惯从"动态"界面刷视频，只看自己关注的Up主更新的视频，就算关注的某Up主大半年才更新一次动态，也能第一时间刷到该动态。如果在这一阶段有粉丝观看并互动，该视频就可能被分发给更多观众。

（2）B站的内容匹配算法打破了"唯流量论"，有一套独特的权重体系：完播率>弹幕量>投币量>评论量>点赞量>收藏量>播放量，即完播率的权重最高，播放量的权重最低。

B站为什么设计了这样的权重体系呢？

答案很简单："划"走（或收藏）一个视频，或者给该视频点赞，用户只需动一下手指；而对视频进行发布弹幕、投币或评论，用户只有非常喜欢该视频时才会去做，尤其是投币。在B站，每个用户账号里的"硬币"都是有限的，用户得想好了才会投币，对于不认可的视频，用户是不会投币的。所以，投币是一个高权重因素。

"弹幕"是B站独特的社区文化之一。截至2022年年底，B站的弹幕总量已经超过了100亿条。弹幕已不仅仅是评论，它还成为视频的一部分，很多用户不仅要开着弹幕看视频，还要收藏视频，等弹幕"养肥了"再看。

1.6　不可不知的B站文化

B站从二次元内容起家，发展成如今实力强大的综合平台，其发展之迅猛、文化之独特，离不开B站的八大文化。下面会详细解读这八大文化。

1.6.1 吉祥物：小电视和2233娘

能够代表一家公司独特文化的，非吉祥物莫属。伫立在B站公司楼下广场上的小电视吉祥物仿佛一个触发按键，只要看到它，行人就会自动切换成B站模式，露出小电视同款微笑，如图1-2所示。

图1-2 小电视吉祥物

"2233娘"实际上是22娘和33娘的简称，她们是B站的吉祥物和官方虚拟形象，22娘是姐姐，33娘是妹妹，如图1-3所示。

- 22娘是一个阳光、元气满满的女孩，头上有一个闪电造型，对人热情且乐于助人，偶尔会心血来潮做一些发明和改造，比如改造播放器等。然而，她做出来的东西经常会出现一些小故障和问题，常常需要妹妹来修复。

- 33娘则性格沉稳，情绪稳定且表情变化较少。虽然是妹妹，但她通常负责网站的服务器维护和各种程序调试。她拥有惊人的知识量和出色的记忆力，热衷于发明和创造物品，但大多数都是一些稀奇古怪的创意。

图1-3　2233娘吉祥物

1.6.2　二次元

"二次元"一词通常用于描述动漫、游戏等虚构作品中的角色；"三次元"一词通常用于指代现实世界中的人。

二次元文化指以对二次元的偏爱和兴趣为主导，涉及游戏、电影、动画、漫画、小说等领域的一种文化，动漫（动画、漫画的合称）是其代表。随着国漫的崛起，二次元也被划分成国漫和日漫这两大主流"门派"。

如果说动漫是二次元文化的代表，那么二次元语言就是传承二次元文化的"钥匙"。在B站，不同的二次元语言通常有其独特的含义，如表1-1所示。

表1-1　B站二次元语言的独特含义

二次元语言	含　义
生肉	没被翻译过的片源
熟肉	已被翻译过的片源
番	动画剧
YYDS	永远的神

续表

二次元语言	含　义
颜艺	用来形容夸张的表情
孩纸	孩子
火钳刘明	希望本视频会火
高能预警	视频即将播放有冲击力的画面
双厨狂喜	喜欢的Up主联合发布视频
再来亿遍	看了很多遍
蚌埠住了	忍不住了
Nico	日本的B站
OP	片头曲
ED	片尾曲
CP	配对，情侣关系
Orz	表示佩服得五体投地
233	哈哈哈哈哈
……	……

B站官方也为不同的二次元语言设计了不同的热词表情，如图1-4所示。

图1-4　热词表情

现在，原本纯属虚构的二次元突破"次元壁"来到了三次元世界。不同的城市出现了越来越多的漫展。我们在街边也能常常看到动漫制服裙等扮装，这些都向我们揭示了二次元文化的不断发展。

1.6.3　梗

"梗"在互联网文化中有着特殊的意义。它源自英文单词"meme"，指一种被广泛传播和共享的符号、图像、短语、视频或其他形式的文化元素，常常以幽默、有创意或特定的含义被重新解释和传播。

梗的产生，是将某人说的话语用其他谐音词来代替，让没有特点的话语变得吸引人。比如"多损啊""好自为之""大可不必""与你无关"对应的梗为"夺笋啊""耗子尾汁""duck不必""雨女无瓜"。

梗文化的更新速度很快，当新梗出现时，老梗很快就会被人遗忘。

B站梗文化的欣欣向荣，背后可能是年轻用户在单纯地趣味调侃，也可能是一种情绪发泄与自我安慰，我们应该积极看待这种文化。

1.6.4　弹幕

弹幕指视频弹幕，属于即时字幕，如图1-5所示。

图1-5　弹幕截图

用户在B站观看视频时可以发布弹幕，这些弹幕会在视频中的特定时间点以滑动字幕的形式向所有观众展示，提升观众之间的互动积极性。B站上的弹幕主要在ACG类的视频中发布，比如动画原作、相关音乐或个人演奏、二次创作、同人（基于原创作品进行二次创作的粉丝作品）、MAD（通过混剪、剪辑和配乐等创作的独特的视频）、恶搞等视频中。

弹幕与视频往往可以同时观看，其不同之处体现在：①弹幕比评论时效性强；②弹幕比评论更能表达用户在某一时刻的感受（开心、感谢、感动等）；③弹幕的字数都较为简短，而评论通常是用户在看完视频后发表的，字数往往更多。

用户很容易在B站的弹幕文化中产生"跟从"心理，比如用户会发布相同的弹幕文案，开启弹幕刷屏模式。另外，用户不再只是内容的接收者，还是内容的创作者，甚至会在创作的同时故意曲解原有的内容，比如很多年轻人在刷剧的时候，不但会考虑这部剧好不好看，还会精心挑选其中更有意思的弹幕。而且，弹幕常常会把原片的节奏"带歪"：当整个剧情处于悲壮的气氛中时，用户很可能会因为一条弹幕笑得喷饭，这样的传播效果很可能并非内容创作者的本意。

弹幕文化是B站社区的"催化剂"，能让不同的用户在观看或发布弹幕的过程中产生相同的归属感。

1.6.5 社区文化

B站CEO陈睿曾提到，B站的核心竞争力是文化和圈子。那么，B站为什么可以形成独特的社区文化，吸引众多用户呢？

陈睿曾这样描述："一个人没事情干的时候，打开B站，看着弹幕飘过，像是很多人一起看一个视频。即使有乱七八糟的骂战，也比冷清清一个人好。"

在B站，社区文化的打造依赖于B站、Up主和粉丝的共同努力。

- B站为Up主提供了施展才华的平台和良好的社区氛围。

- Up主创作优质内容，以此连接用户，吸引更多的用户加入社区。

- 粉丝参与互动，维系社区文化。

三者相辅相成，为有不同兴趣爱好的"观众老爷们"打造了包容型的社区文化。

1.6.6　鬼畜

"鬼畜"这一概念源于弹幕视频网站"Niconico动画"，原本被称为"音MAD"。鬼畜视频为原创视频类型，它通过高度同步、快速重复的素材和BGM（背景音乐）剪辑，产生一种洗脑的效果。它可以通过视频或音频剪辑，将出现率极高的重复画面或声音组合在一起，形成节奏和音画同步率极高的视频。

2015年后，B站的鬼畜文化迎来大爆发，出现了成龙的霸王广告、念诗之王、雷军的《Are You OK》（见图1-6）等鬼畜视频。雷军通过《Are You OK》鬼畜视频一举成为B站鬼畜区的"镇站之宝"之一，并且以歌手身份在网易云音乐中拥有了一张专辑，还与小米的潜在年轻用户打成一片。

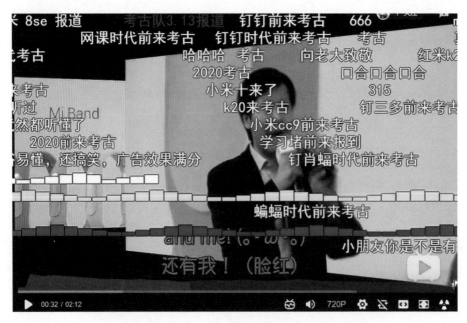

图1-6　雷军的《Are You OK》鬼畜视频截图

虽然鬼畜视频的制作门槛较高，投稿数量不多，但这类视频的受欢迎程度很高，许多优质作品的播放量都能够突破百万甚至千万。

1.6.7　学习

现在，有越来越多的年轻人在B站学习，B站不再只是二次元用户聚集的一个小圈子。笔者统计了B站学习相关的标签，在核心话题词"#学习#"下已有8亿多的浏览量和百万话题订阅量，教育话题的浏览量也已过亿。

B站学习资源的强大体现在无广告、资料全、科目多上。从各学科课程如经济学、物理学、设计、会计学等，到专业技术如AE、动画、AI、模型等，B站的学习资源均有所覆盖，其上还有诸多课程来源于北大、清华、复旦、同济等国内知名大学，以及耶鲁大学、麻省理工学院、斯坦福大学、牛津大学等国外高等院校。

B站学习资源的特点如下。

- 由Up主投稿且发布的内容可全部免费观看。

- 在观看过程中不会出现广告。

用粉丝的原话来说，就是"简直爱死这小破站了"。

B站已经成为中国最大的在线自学平台之一，拥有至少500万条学习相关的视频，再加上弹幕文化的加持，无论是需要严谨推理的理工科知识，还是需要旁征博引的文科知识，都能让粉丝更轻松地学会。

1.6.8　直播

直播指通过网络实时播放视频。用户可以观看主播在直播间展示的内容，比如唱歌、跳舞、聊天等。因为专攻各细分领域的Up主非常多，所以其直播内容和形式也非常多，比如声播、虚拟直播、学习直播、游戏直播等。

在游戏直播领域，B站自2019年以来一直在加大对游戏内容和头部电竞版权的投入，曾连续三年在中国大陆地区获得独家授权的转播英雄联盟全球总决赛的资格，以持续提升平台内容对年轻用户的吸引力和行业竞争力，还通过主播招募、活动推广等方式快速发展游戏直播业务。

在二次元、学习等有竞争优势的直播领域，B站的战略方向是留住老用户，吸引更多"Z世代"（网络用语，指新时代人群）中的年轻用户。

B站聚集着大量核心二次元用户，虚拟主播、唱见、舞见、电台等具有强B站属性的模块就是为二次元用户量身定制的。

1.7　如何在B站注册账号

在B站注册账号非常方便：在B站App端的"登录"界面选择"注册"并根据后面的引导一步一步操作即可；在B站网页端可按照以下三步注册账号。

（1）在浏览器中打开B站官网，将鼠标光标移到"登录"上，在弹出的界面点击"点我注册"，如图1-7所示。

图1-7　在弹出的界面点击"点我注册"

（2）在"注册"界面选择通过手机或邮箱注册，然后填写相应的信息。

（3）注册账号完成后，还无法发布弹幕，必须完成B站特有的考试，即在规定的时间内答题，答题达到60分便可及格，及格后才能成为正式会员，享有发布弹幕和评论的权限，如图1-8所示。

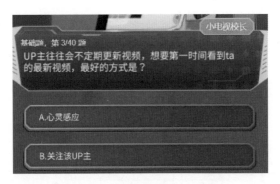

图1-8　B站特有的考试截图

考试题目都是一些关于社区礼仪的基础题，只要能保持正能量心态，都可以顺利通过。答错也不要紧，还有无数次机会答题。

如果你的朋友的B站账号等级是Lv5以上且注册满3个月，那么他或者她就可以为你购买邀请码，直接帮你完成账号注册。

1.8　认识B站的分区

B站由很多分区组成，不同的分区有不同的主题，面向有不同爱好和需求的用户。在浏览器中打开B站官网，能看到常见分区，如图1-9所示。

图1-9　B站的常见分区

如果某分区有子分区，那么在将鼠标光标移到该分区的名称上后，会弹出其子分区列表。例如，在将鼠标光标移到"科技"二字上后，会弹出科技区的子分区列表，如图1-10所示。

图1-10　弹出的科技区的子分区列表

为了方便读者迅速找到自己心仪的投稿分区，接下来介绍B站有代表性的17个子分区。若想了解每个分区的具体特色，则请在B站观看相应的视频，这样才能有更深刻的理解。

1.8.1　番剧区

番剧指连续的动画系列，是二次元文化中的常用词汇，通常按季度进行划分，每周播出一集，一季通常会播出12～13集。目前番剧区除了有动漫，还有连续剧、电影等，供用户在线观看。用户无法在该区发布视频，只能观看。

1.8.2　动画区

动画区的子分区有MAD·AMV、MMD·3D、短片·手书·配音、手办·模玩、特摄、动漫杂谈和综合，如图1-11所示。下面会对这些子分区进行详细讲解。

（1）MAD·AMV：AMV（Anime Music Video，动画音乐视频）是由一个或多个动画剪辑而成并配以音乐的短片。大部分AMV并不是由官方制作的，而是由动画爱好者自行剪辑和编排的，因此主要在网络上流行。许多动漫展览会都设有AMV比赛或展示环节。MAD是对既有素材（一般为动画或CG图）进行修改、剪辑等"二次创作"并配乐制作而成的向相关作品致敬的影片，又可以分为动画系MAD和静止画系MAD。

- 动画系MAD：这种类型的短片是使用动画素材进行制作的。在通常情况下，出于对短片表现力和画面质量的考虑，动画系MAD的素材主要来源于商业动画作品。不过，由于动画本身的质量往往较高，所以要在动画系MAD中体现制作者的实力并不容易。另外，也有一些技术很厉害的作者自己制作素材并制成同人影片，这尤其需要创作能力。

- 静止画系MAD：这种类型的短片将静态图片当作素材。图片素材的来源有很多，比如漫画、游戏CG、画集等，即任何图片都可被当作静止画系MAD的素材。制作静止画系MAD是一个让原有素材"动起来"的过程，能更好地体现作者的编导能力与特效技巧。

（2）MMD·3D：MMD（MikuMikuDance）是免费的动画程序，最初是为VOCALOID角色Hatsune Miku（初音未来）制作的，Up主可以通过该程序制作3D动画电影。MMD由Garnek（HiguchiM）编程，自创建以来经历了重大升级，制作它是VOCALOID推广视频项目（VPVP）的一部分。VOCALOID是一款电子音乐制作和语音合成软件，用户只需在该软件中输入音调和歌词，就可以合成类似人声的歌声。由于涉及版权问题，所以在投稿该类建模相关的视频时，需要提供使用到的模型的配布信息并将其添加在稿件的tag信息中，如果投稿被举报且被核实到所用素材侵权，那么稿件将被撤下。

（3）短片·手书·配音：除短片、手书、配音外，定格动画、有声漫画也可被投稿到该区，在投稿时需要使用"【配音】+作品名"类似的格式填写标题，对于手书及短片，可使用类似的格式填写标题，便于用户搜索及展示稿件。

（4）手办·模玩：展示手办和模玩的测评、改造及其他衍生视频，手办、模型、周边、积木、玩具、黏土等开箱与制作相关的内容是该区的热门内容。

（5）特摄：展示以特摄片为素材且具有一定制作程度的二次创作视频，是"特摄片"的简称，最初指运用了特殊技术拍成的影片，比如《奥特曼》《超级战队》《哥斯拉》等。

（6）动漫杂谈：展示以谈话形式对ACGN文化圈进行的鉴赏、吐槽、评点、解说、推荐、科普等相关的视频，主要流行于华语文化圈。ACGN是由ACG（见1.2节）扩展而来的新词汇，其中的N代表Novel（小说）。由于传统的ACG划定的范畴早已不足以覆盖现代青少年文化娱乐相关的领域，因此衍生出了"轻小说"等文学作品的ACGN词汇。

（7）综合：展示以动画及动画相关内容为素材的音频替换、恶搞改编、排行榜等视频。读者在动画区中找不到合适的子分区时，都可投稿至该子分区。

图1-11 动画区的子分区

1.8.3 鬼畜区

高质量的鬼畜视频往往有超强的洗脑效果。B站在发展初期常被网友认为只有两个分区：鬼畜区和鬼畜素材区，由此可见鬼畜文化在B站发展初期的繁荣。

鬼畜区的子分区有鬼畜调教、音MAD、人力VOCALOID、鬼畜剧场和教程演示，如图1-12所示。

（1）鬼畜调教：指创作者使用自己准备的素材对原始音频和视频进行处理，使音频和视频产生和谐感。

（2）音MAD：指创作者对自己准备的素材进行二次创作以还原原曲的非商业性质的稿件。

（3）人力VOCALOID：指将人物或角色的无伴奏素材进行人工调音，使其具备VOCALOID一样的调音效果。

（4）鬼畜剧场：指将自己准备的视频和音频素材进行人工剪辑，使其变成有剧情的视频作品。

（5）教程演示：指用于指导制作鬼畜视频的教程。

图1-12 鬼畜区的子分区

1.8.4 舞蹈区

舞蹈区是一个聚集了众多舞蹈爱好者和创作者的社区，用户可以在该区上传、观看和评论各种类型的舞蹈视频，包括原创舞蹈、翻跳舞蹈、舞蹈教学等，并参与舞蹈挑战或赛事，与其他用户交流和互动。

舞蹈区的子分区有宅舞、街舞、明星舞蹈、国风舞蹈、手势·网红舞、舞蹈综合和舞蹈教程，如图1-13所示。

（1）宅舞：指以ACG音乐为背景音乐创作的原创舞蹈。宅舞的特点是舞者根据特定的音乐和舞蹈编舞，表演富有个人特色和创意的舞蹈。这些舞蹈通常与特定的动漫、游戏角色或歌曲相关联，舞者通过模仿动作、演绎歌曲情感等方式，展示自己的舞蹈技巧和对舞蹈的热爱。ACG音乐常常作为动画、漫画、游戏等作品的主题曲（OP）、片尾曲（ED）或插曲（OST），与作品的情感和氛围相辅相成。

（2）街舞：展示街舞相关的视频，涉及赛事现场、舞室作品、个人翻跳、FREESTYLE等。

（3）明星舞蹈：展示中国国内或者国外明星发布的官方舞蹈及其翻跳等视频。如果是原始片源，则一般会有版权问题，不建议将其投稿至该区。

（4）国风舞蹈：指以中国传统文化和民族元素为主题的舞蹈，融合了中国古代文学、绘画、音乐、戏剧等艺术形式的元素，通过舞蹈动作和舞蹈编排来展示中国传统文化的美和特色。

（5）手势·网红舞：以手部特别是手指的灵活动作为核心，通过手势编排和舞蹈动作的配合，展示独特的舞蹈风格，会结合流行音乐和网络文化元素。网红舞常常出现在社交媒体平台上，舞蹈动作简洁明快，舞蹈编排易于模仿，容易引起观众的兴趣，常常被不同社交媒体上的舞蹈挑战活动采用。

（6）舞蹈综合：如果无法定义自己的舞蹈种类，则都可投稿至该区。

（7）舞蹈教程：指舞蹈动作指导教程，涉及镜面慢速、动作分解等。

图1-13　舞蹈区的子分区

1.8.5　娱乐区

在娱乐区可以看到各种类型的娱乐性视频，涉及综艺节目、真人秀、明星访谈、搞笑视频、游戏解说、室内娱乐活动等。这些视频由用户上传和分享，也有一些是由官方或其合作伙伴制作的。

娱乐区的子分区有综艺、娱乐杂谈、粉丝创作和明星综合，如图1-14所示。

（1）综艺：展示中国国内或国外的电视节目及网播综艺正片剪辑、花絮或片段等短视频，节目形式有真人秀、脱口秀、选秀、晚会颁奖典礼、访谈、挑战等。

（2）娱乐杂谈：展示娱乐人物解读、娱乐热点点评、娱乐行业分析相关的视频。

（3）粉丝创作：展示由粉丝创作的视频，其中"粉丝向"视频的热度非常高（"粉丝向"指主要面向粉丝群体的创作及创作者从粉丝角度进行的创作）。

（4）明星综合：展示娱乐圈相关的动态、资讯等视频。

图1-14　娱乐区的子分区

1.8.6　科技区

科技区已经成为国内重要的科技内容创作和传播平台，既有严谨的知识传播内容，也有娱乐性内容，对推动科技文化的传播产生了积极影响，还聚集了对科技感兴趣的大量用户和专业领域KOL（Key Opinion Leader，关键意见领袖），内容覆盖面广，从数码评测到极客DIY通通都有。

科技区的子分区有数码、软件应用、计算机技术、科工机械和极客DIY，如图1-15所示。

（1）数码：展示电子设备、数码产品（手机、计算机、相机等）、智能家电的测评及分享相关的视频。

（2）软件应用：展示应用推荐、计算机操作技巧、软件分享相关的视频。

（3）计算机技术：展示编程开发技术、编程语言（C/C++、Java、Python等）、人工智能相关的视频。

（4）科工机械：展示基础建设、机械、工程等相关的视频。

（5）极客DIY：展示自制科技类相关视频。极客（Geek）通常用于形容对计算机和网络技术有狂热兴趣并投入大量时间钻研的人，俗称"发烧友"或"怪杰"。DIY（Do It Yourself，自己动手做）指亲力亲为。

图1-15　科技区的子分区

1.8.7　知识区

知识区覆盖人文、社科、科学、职业技能等各类知识，从历史讲座到心理辅导，从科普视频到职场提升等，都有涉及。知识区的视频对知识有较高的严谨性要求，优秀Up主大多是该领域的专家学者。知识区传递了很多实用技能，比如书法、绘画等，对用户的职业发展和日常生活大有裨益，还能大力弘扬知识文化。

知识区的子分区有科学科普、社科·法律·心理、人文历史、财经商业、校园学习、职业职场、设计·创意和野生技能协会，如图1-16所示。

（1）科学科普：展示从当前热点话题背后的科学原理到生存指南等各种类型的科普视频。

（2）社科·法律·心理：展示社会科学、法学、心理学相关或以个人观点输出的视频。

（3）人文历史：展示关于历史人物、文学典籍的杂谈、趣解等视频，不能投稿恶意诋毁历史人物的视频。

（4）财经商业：展示金融市场、宏观经济、商业故事相关的视频，不能投稿虚假夸大或违反B站规定的视频。

（5）校园学习：展示考研、数学、英语、语文等科目的学习心得、备考指南等。

（6）职业职场：展示职场心得、升职指南相关的视频。

（7）设计·创意：展示设计美学、设计思维、天马行空创意相关的视频。

（8）野生技能协会：展示技能展示或技能教学分享相关的视频。

图1-16　知识区的子分区

1.8.8 美食区

美食区展示各类美食相关的视频。

美食区的子分区有美食制作、美食侦探、美食测评、田园美食和美食记录，如图1-17所示。

（1）美食制作：展示食品制作相关的视频，投稿的作品需要展示具体的制作过程或制作技巧，可以展示家常菜制作、特色小吃制作、烘焙技巧等，烹饪过程要清晰，步骤要详细，以便观众跟随制作。

（2）美食侦探：展示美食探店和美食文化相关的视频，投稿的作品需要展示对美食的探索和体验过程，既可以介绍餐厅、美食节、特色小吃店等，也可以挖掘一些不为人知的美食文化。

（3）美食测评：展示食品和餐厅评价相关的视频，投稿的作品需要展示对食品和餐厅的客观评价和感受，既可以针对某种食品的口感、外观等进行评价，也可以针对餐厅环境、服务、菜品等进行评价。美食测评一定要客观、中立，不要刻意粉饰或者抹黑。

（4）田园美食：展示乡村美食和农家乐相关的视频，投稿的作品需要展示乡村美食的独特魅力和乡村生活的美好，可以介绍乡农家乐体验、农业文化等。

（5）美食记录：展示美食相关的纪录片和故事片，投稿的作品需要有完整的故事情节和真实的拍摄记录，可以展示某个地区的美食文化、某个餐厅的创业历程等。

图1-17　美食区的子分区

1.8.9　汽车区

汽车区展示汽车相关的视频，涉及新车发布、试驾体验、购车攻略、汽车文化等。

汽车区的子分区有赛车、改装玩车、新能源车、房车、摩托车、购车攻略和汽车生活，如图1-18所示。

（1）赛车：展示赛车相关的视频，涉及F1、FE、WTCR、卡丁车等各类赛车比赛的直播和精彩剪辑，可以让用户感受赛场的紧张、刺激，记录赛场的精彩瞬间。

（2）改装玩车：展示汽车改装相关的视频，涉及汽车外观、内饰、性能等方面的改装和升级，可以让用户欣赏汽车文化，了解汽车改装技巧。

（3）新能源车：展示新能源汽车相关的视频，涉及电动汽车、混合动力汽车等车型的介绍、试驾体验、技术解读等，可以让用户了解和认识新能源汽车的市场和发展趋势。

（4）房车：展示房车及营地相关的视频，涉及房车产品介绍、驾驶体验、房车生活和房车旅行等，可以让用户了解和体验使用房车的便利及乐趣。

（5）摩托车：展示摩托车相关的视频，涉及新车发布、试驾体验、摩托车文化等，可以让用户了解摩托车文化。

（6）购车攻略：展示购车建议和新车体验相关的视频，涉及汽车比较、购车指南、新车试驾等，可以帮助用户了解和选择适合自己的汽车。一定不要发布刻意抹黑某汽车品牌的视频。

（7）汽车生活：展示汽车出行相关的生活体验视频，涉及汽车旅行、露营、摄影等，可以让用户感受到汽车赋予生活的美好。

图1-18　汽车区的子分区

1.8.10 运动区

运动区展示各类运动相关的视频，涉及篮球、足球、健身、竞技体育、运动文化、运动综合等。

运动区的子分区有篮球、足球、健身、竞技体育、运动文化和运动综合，如图1-19所示。

（1）篮球：展示篮球相关的视频，涉及比赛、技巧教学、篮球文化等。一定不要投稿NBA比赛相关的视频。

（2）足球：展示足球相关的视频，涉及比赛、技巧教学、足球文化等。

（3）健身：展示健身相关的视频，涉及教程、健身计划、健身饮食等。在投稿视频时一定要注意视频的"尺度"问题，对于敏感部位，可以通过视频剪辑方式打"马赛克"遮盖，以防违规限流。

（4）竞技体育：展示各类竞技体育相关的视频，涉及各类比赛、运动员采访、赛事评论等。

（5）运动文化：展示运动文化相关的视频，涉及运动历史、运动人物传记、运动电影等，投稿内容务必积极向上。

（6）运动综合：展示各类运动相关的综合内容，涉及运动新闻、运动知识、运动体验等。

图1-19 运动区的子分区

1.8.11 游戏区

游戏区展示各类游戏相关的视频，涉及游戏实况、游戏攻略、游戏解说、游戏娱乐等。

　　游戏区的子分区有单机游戏、电子竞技、手机游戏、网络游戏、桌游棋牌、GMV、音游、Mugen和游戏赛事，如图1-20所示。

　　（1）单机游戏：展示单人玩家游戏相关的视频，涉及各种PC单机游戏、主机游戏等。

　　（2）电子竞技：展示电子竞技相关的视频，涉及各类电竞赛事、选手采访、比赛解说等。

　　（3）手机游戏：展示手机游戏相关的视频，涉及iOS、Android平台的各类手机游戏等。

　　（4）网络游戏：展示通过网络平台游玩的多人在线游戏相关视频，涉及各种PC多人在线游戏、主机多人在线游戏等。

　　（5）桌游棋牌：展示桌游（Board Game）和卡牌游戏相关的视频，涉及各类纸质桌游、卡牌游戏等。

　　（6）GMV：展示游戏实况相关的视频，涉及各种游戏直播、游戏实况等。

　　（7）音游：展示音乐游戏相关的视频，涉及各种音乐节奏游戏、音乐冒险游戏等。

　　（8）Mugen：展示Mugen动画相关的视频，涉及各类Mugen角色形象、场景、战斗等。Mugen是可以自己添加格斗人物的游戏，例如拳皇、龙珠传奇等。

　　（9）游戏赛事：展示游戏比赛相关的视频，涉及各种电竞赛事、大型线下比赛等。

图1-20　游戏区的子分区

1.8.12 音乐区

音乐区展示音乐相关的视频。在音乐区，用户可以找到各种类型的音乐，涉及流行、古典、摇滚、民谣、电子等，以及音乐相关的表演、教学、解读等。

音乐区的子分区有原创音乐、翻唱、演奏、VOCALOID·UTAU、音乐现场、MV、乐评盘点、音乐教学、音乐综合和说唱，如图1-21所示。

（1）原创音乐：展示原创音乐相关的视频，涉及原创歌曲、音乐合集等。原创音乐指作者自己创作的、非抄袭模仿的、内容和形式都具有独特个性的、拥有社会共识价值的音乐作品。

（2）翻唱：展示翻唱音乐相关的视频，涉及翻唱歌曲、翻唱合集等。

（3）演奏：展示音乐演奏相关的视频，涉及乐器独奏、乐队合奏等。

（4）VOCALOID·UTAU：展示使用VOCALOID或UTAU等虚拟声库演唱的歌曲，涉及虚拟歌手的歌曲、合集等。

（5）音乐现场：展示音乐现场表演相关的视频，涉及演唱会、音乐节等。

（6）MV：展示音乐MV相关的视频，涉及各类歌曲的MV、MV合集等。MV（Music Video，音乐录影带，又叫作"音乐短片"）指与音乐搭配的短片。现代的音乐录像带主要是为了宣传音乐唱片制作出来的。

（7）乐评盘点：展示音乐乐评、盘点相关的视频，涉及各类音乐的乐评、推荐、排行榜等。

（8）音乐教学：展示音乐教学相关的视频，涉及各类音乐技巧教学、演唱教学等。

（9）音乐综合：展示各类音乐综合内容相关的视频，涉及音乐杂谈、音乐解说、音乐文化等。

（10）说唱：展示说唱相关的视频，涉及说唱歌曲、说唱合集等。

图1-21　音乐区的子分区

1.8.13　影视区

影视区展示影视相关的视频。在影视区，用户可以找到各类影视作品，涉及电影、电视剧、动画、纪录片等，以及影视剪辑、影评、剧评等。

影视区的子分区有影视杂谈、影视剪辑、小剧场、短片、预告·资讯，如图1-22所示。

（1）影视杂谈：展示影视杂谈相关的视频，涉及各类电影、电视剧的深度解读、评论、资讯等。

（2）影视剪辑：展示影视剪辑相关的视频，涉及电影、电视剧的精彩片段剪辑、混剪、剧情解析等。

（3）小剧场：展示小剧场相关的视频，涉及电影、电视剧的搞笑剧场、配音剧场等。用户可以在这里找到自己喜欢的影视作品的二次创作版本，欣赏Up主的创意和表演技巧。

（4）短片：展示短片相关的视频，涉及各类独立短片、学生作品等。用户可以在这里发现一些新兴的导演和他们的作品，感受短片的魅力和创意。

（5）预告·资讯：展示影视作品的预告和资讯相关的视频，涉及电影、电视剧的预告片、宣传片、资讯等。

图1-22　影视区的子分区

1.8.14 资讯区

资讯区展示海内外的热点新闻和资讯，以新闻官方账号为主。个人频道请务必保证客观、公正，确认信息来源可靠。

资讯区的子分区有热点、环球、社会和综合，如图1-23所示。

（1）热点：展示海内外的时事热点和热门话题，涉及各种热点新闻、政治动态、科技进展、娱乐事件等。

（2）环球：展示全球范围内的新闻和事件，涉及国际政治动态、国际关系、国际合作与交流、国际经济活动和国际文化交流等。

（3）社会：展示社会现象和社会问题，涉及社会新闻、社会事件、公共安全、教育就业、环保公益等。

（4）综合：展示各类综合资讯，涉及各种类型的文化、体育、娱乐、科技等资讯。

图1-23 资讯区的子分区

1.8.15 生活区

生活区展示各种类型的生活视频，涉及烹饪技巧、手工艺制作、绘画教学、运动健身、日常Vlog等。这些视频不仅提供了实用的生活技巧和技能，也体现了普通人的日常生活和兴趣爱好。生活区的视频风格多样，有些以教学为主，有些以分享和展示为主。

生活区的子分区有搞笑、亲子、出行、三农、家居房产、手工、绘画和日常，如图1-24所示。

（1）搞笑：以娱乐为目的，展示各种搞笑视频，涉及搞笑游戏类、土味

"作死"测评类等。

（2）亲子：展示亲子关系和家庭教育，涉及亲子互动、幼儿教育、成长记录、家庭生活等，可以让用户获得家庭教育及亲子关系相关的知识和经验。

（3）出行：展示旅行和交通相关的视频，涉及自驾游、旅行攻略、交通出行等内容，可以让用户获得旅行及交通相关的技巧和经验。

（4）三农：展示农村、农业的发展状况和农民的美好生活，涉及农村生活、农业生产等。

（5）家居房产：展示家居设计和房产相关的话题，涉及家居装修、家居生活、房产交易、房屋改造等，可以让用户获得家居设计及房产交易相关的知识和经验。

（6）手工：展示手工制作和手工艺相关的话题，涉及手工教程、手工制作过程展示、手工艺品介绍等。

（7）绘画：展示绘画技巧和绘画作品相关的视频，涉及绘画教程、绘画过程展示、绘画作品欣赏等，可以让用户获得绘画技巧及艺术鉴赏相关的知识。

（8）日常：展示日常生活相关的视频，注重分享日常生活经验和故事，涉及Vlog、情感、萌娃、记录、校园、正能量及其他日常生活经验等。

图1-24　生活区的子分区

1.8.16　时尚区

时尚区展示时尚相关的视频，涉及时尚搭配、美妆护肤、时尚资讯、时尚文化等。这些视频不仅提供了实用的时尚技巧和经验，也反映了时尚行业的发展趋势。

时尚区的子分区有美妆护肤、仿妆cos、穿搭和时尚潮流，如图1-25所示。

（1）美妆护肤：展示美妆和护肤相关的视频，涉及各种美妆教程、护肤攻略、产品评测等，可以让用户了解如何打造适合自己的妆容和护肤方法。

（2）仿妆cos：展示仿妆和cosplay（角色扮演，简称"cos"）相关的视频，涉及明星、影视角色、文学作品角色、动漫及游戏角色等的仿妆和cosplay，可以让用户了解如何模仿特定角色的妆容和造型。

（3）穿搭：展示服装搭配和时尚潮流相关的视频，涉及各种穿搭技巧、搭配灵感、时尚趋势解读等，可以让用户了解如何搭配服装，打造时尚的穿搭。

（4）时尚潮流：展示时尚行业的发展趋势和潮流，涉及各种时尚资讯、潮流解析、设计师和品牌介绍等，可以让用户了解时尚行业的动态和发展趋势。

图1-25　时尚区的子分区

1.8.17　动物圈

动物圈展示各种类型的动物视频，涉及萌宠日常、野生动物纪录片、动物实验等，为喜欢动物的网友提供了一个交流和分享的平台。

动物圈的子分区有喵星人、汪星人、小宠异宠、野生动物、动物二创和动物综合，如图1-26所示。

（1）喵星人：展示猫咪相关的视频，涉及猫咪日常、猫咪萌点、猫咪游戏等。

（2）汪星人：展示狗狗相关的视频，涉及狗狗日常、狗狗萌点、狗狗游戏等。

（3）小宠异宠：展示小型宠物和异宠相关的视频，涉及仓鼠、兔子、龙猫、鹦鹉等小型宠物和异宠（一般指另类宠物）的视频和资讯，吸引了一些喜欢非主流宠物的人群。

（4）野生动物：展示野生动物相关的视频，涉及野生动物纪录片、野生动物行为、野生动物探险等。

（5）动物二创：展示动物二次创作相关的视频，涉及动物MMD（Miku MikuDanca，一种免费的动画程序）、动物手绘、动物cosplay等。

（6）动物综合：展示动物综合类相关的视频，涉及动物医疗等。

图1-26　动物圈的子分区

1.9　会员等级解析

为了激发创作者的创作热情，提升用户的互动积极性，B站建立了一套完整的会员等级制度。在根据1.7节所述完成账号注册后，便可成为B站的正式会员，获得经验值，拥有相应的等级及权益。

1.9.1　获得经验值的方式

用户除了可以通过上传优质稿件获得经验值，还可以通过绑定邮箱或手机、观看视频、投币等方式获得经验值，如表1-2所示。

表1-2 获得经验值的方式

方 式	经 验 值
首次绑定手机	+100
首次绑定邮箱	+20
首次实名认证	+50
每日登录	+5
每日观看视频	+5
每日进行视频投币	+10（上限50）
每日分享视频（App端）	+5
自己的视频每获得1个硬币	+1

在观看视频时通过投币获得的经验值奖励将会在下个月月初进行统计并发放。统计的时间周期为上个月25日0点至本月25日24点。在每月25日后获得的经验值将在下一个结算周期结算。

1.9.2 各等级的达成条件及权益

B站目前根据Up主是否注册账号成功或通过答题测试及其经验值，将Up主划分为7个等级，等级表如表1-3所示。

表1-3 等级表

等 级	条 件
Lv0	注册账号成功（详见1.7节）
Lv1	通过答题测试
Lv2	大于或等于200经验值
Lv3	大于或等于1500经验值
Lv4	大于或等于4500经验值
Lv5	大于或等于10800经验值
Lv6	大于或等于28800经验值

不同的等级拥有不同的权益，权益表如表1-4所示。我们在日后遇到任何等级权益问题时，都可以查阅该表。

表1-4　权益表

权益	等级						
	Lv0	Lv1	Lv2	Lv3	Lv4	Lv5	Lv6
视频投稿	✓	✓	✓	✓	✓	✓	✓
滚动弹幕	×	✓	✓	✓	✓	✓	✓
发送私信	×	✓	✓	✓	✓	✓	✓
发送动态	×	✓	✓	✓	✓	✓	✓
彩色弹幕	×	×	✓	✓	✓	✓	✓
高级弹幕	×	×	✓	✓	✓	✓	✓
视频评论	×	×	✓	✓	✓	✓	✓
顶部弹幕	×	×	×	✓	✓	✓	✓
底部弹幕	×	×	×	✓	✓	✓	✓
风纪委员	×	×	×	×	✓	✓	✓
点评功能	×	×	×	×	✓	✓	✓
购买邀请码	×	×	×	×	×	1个/月	2个/月

1.9.3　硬核会员

硬核会员的权益如下，目前只有通过硬核会员试炼才能获得"硬核会员"称号。

- 专属举报权益。

- 专属三连推荐。

- 生日定制彩蛋。

- 社区实验室——硬核会员弹幕模式。

- 特别关注、黑名单上限翻倍。

- Lv6试炼出题权。

硬核会员试炼是B站为Lv6等级的Up主设计的专属挑战。Up主在等级达到Lv6后，在B站App端的等级标识后会出现"试炼"标识，点击该标识即可参加测试，如图1-27所示。Up主在测试通过后，能解锁特殊的Lv6标识、"硬核会员"称号和相应的权益。

图1-27 硬核会员试炼

在120分钟内答对60道题以上（最多可答100道题），即可通过硬核会员试炼。注意：每24小时最多有3次挑战机会。硬核会员的有效期为365天，若365天期满，则需要重新参加测试。

Up主在测试过程中若被发现使用了非正常技术手段，则可能会被永久禁止参与硬核会员试炼。若出现了违反社区规范的行为，则"硬核会员"称号可能会被人工核实后取消。

1.9.4 大会员

大会员是B站的付费会员，具体价格以用户购买时为准。与普通会员相比，大会员有以下四大特权。

- 内容特权：可免费及抢先观看付费内容，视频为超清画质，每月都可免费领取漫画阅读券。

- 装扮特权：空间头图、专属挂件、动态卡片装扮、评论表情。

- 身份特权：会员购优惠券、游戏福利礼包、每月都可免费领取B币、粉色昵称。

- 视听特权：畅听付费音乐。

1.10　如何投稿

在成为B站会员后，就可以在B站投稿视频、专栏和音频等内容，可投稿内容详见1.11节。可以通过B站App端或者网页端进行投稿，根据自身偏好进行选择即可。

1.10.1　在App端投稿

我们可以根据移动端操作系统下载B站App，其图标如图1-28所示。

图1-28　B站App的图标

在B站App端登录自己的B站账号后，点击图1-29所示的"+"按钮，在弹出的"上传"界面选择需要上传的稿件后，会进入投稿流程中。

图1-29　"上传"图标

在相册中选择要上传的视频或者图片，如图1-30所示，这里选择上传标记①处的视频，如果需要编辑视频，则点击标记②处的"去编辑"按钮，进入"编辑"界面。如果选择上传图片，则可以点击标记④处的"智能成片"按钮。如果不需要修改，则直接点击标记③处的"发布"按钮进入"发布"界面，如图1-31所示。

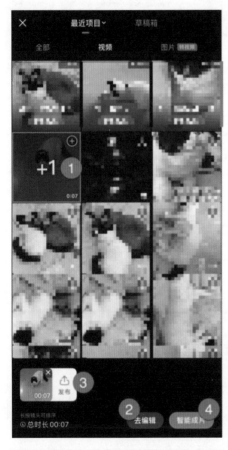

图1-30 选择视频

图1-31 "发布"界面

在图1-31所示的"发布"界面，在标记①处填写视频标题，在标记②处选择投稿的分区和标签，在标记③处选择投稿类型，在标记④处填写视频简介。在完成"发布"界面的信息填写后，点击标记⑤处的"发布"按钮就可以完成视频上传，在B站审核通过后，视频就会出现在自己的动态中。

1.10.2　在网页端投稿

在浏览器中登录自己的B站账号后，将鼠标光标移到右上角的"投稿"上，可选择投稿类型，如图1-32所示。

图1-32　"投稿"界面

此时也可以不选择投稿类型，直接点击"投稿"按钮，进入"上传"界面，如图1-33所示。

图1-33　"上传"界面

接着选择上传的类型，因为此时要上传的是视频类型，于是点击标记②处的"上传视频"按钮并选择要上传的视频。我们也可以直接通过鼠标将要上传的视频拖拽到虚线框中，进入"发布"界面，其部分截图如图1-34所示。

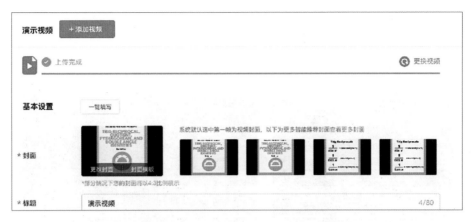

图1-34　"发布"界面的部分截图

在"发布"界面需要填写的内容请参考图1-31。

1.10.3　B站剪辑工具——必剪

必剪是B站官方为Up主提供的剪辑工具，支持Android、iOS、Windows和macOS操作系统，其App图标如图1-35所示，读者根据自己的需要下载和安装必剪App即可。

图1-35　必剪图标

我们通过必剪，既可以创建专属虚拟形象，实现0成本做虚拟Up主，还可以体验多项功能，包括高清录屏、游戏高光识别、神配图、封面智能抠图、视频模板、封面模板、批量粗剪、录音提词、文本朗读、语音转字幕、画中画及蒙版等。必剪还提供了超燃音乐、素材及专业画面特效，支持一键投稿、投稿免流量及账号互通。必剪的进阶玩法详见第5章。

接下来演示App端的必剪投稿方式，网页端同理。

登录必剪后，点击"我的"菜单，进入"我的"界面，如图1-36所示。

点击标记①处的"注册/登录"按钮，进入"登录"界面，如图1-37所示。我们既可以在"登录"界面通过手机号码登录B站，也可以直接点击标记①处的"bilibili账号登录"按钮，绑定B站账号进行登录，后者更方便。

图1-36　"我的"界面　　　　　　　图1-37　"登录"界面

在必剪上完成账号登录后，首先点击"创作"菜单，然后点击"开始创作"按钮，如图1-38所示。在选择需要上传的视频或图像素材后，进入"剪辑"界面，如图1-39所示。

如果确认剪辑完成，则点击"剪辑"界面右上角的"导出"按钮，进入"发布"界面，如图1-40所示。

图1-38　"创作"界面　　　　　图1-39　"剪辑"界面

图1-40　"发布"界面

填写好要发布的内容后，点击图1-40所示下方的"发布B站"按钮即可完成视频上传。

1.11　可投稿内容

接下来以B站网页端为例讲解B站可接受的投稿类型，App端同理。无论是哪种类型的视频，都要经过B站的审核才能发布，待完成审核后会自动发布，供B站所有用户浏览和使用。

1.11.1　视频投稿

视频投稿是B站的主流投稿方式。建议Up主事先在常用的剪辑工具上将视频编辑完成，再将完整的视频投稿至B站。

1.11.2　专栏投稿

专栏投稿是以文字内容为主的投稿，"专栏投稿"界面如图1-41所示。

建议Up主事先在WPS等软件上完成文章修改，再将定稿复制到"专栏投稿"界面，进而编辑内容、添加图片或设置字体格式等。注意：B站的专栏投稿内容可涉及众多分区的内容，但是不可涉及社会新闻、泛时政类的内容。

图1-41 "专栏投稿"界面

1.11.3 互动视频投稿

互动视频也叫作"交互式视频",是一种融入了交互操作的新型视频,可以让原本单一的视频剧情变得丰富,也能提升观众的代入感和观看体验。目前,B站向用户开放了互动视频制作功能,用户在B站上传视频素材后,就可以利用B站提供的功能模块和工具自制互动视频。

"互动视频投稿"界面如图1-42所示。

图1-42　"互动视频投稿"界面

1.11.4　音频投稿

音频投稿分为合辑投稿和单曲投稿，Up主可以设置一个合辑，将同主题的音频稿件收入同一合辑，便于用户收听。

"音频投稿"界面如图1-43所示。

图1-43　"音频投稿"界面

1.11.5 贴纸投稿

"贴纸投稿"界面如图1-44所示。通过"贴纸投稿"界面上传的贴纸并不会在B站发布，而是成为可在必剪中使用的功能道具。如果上传的贴纸被评选为优质贴纸，就会在B站展示，用户就可以在必剪中下载和使用这款贴纸。

图1-44 "贴纸投稿"界面

1.11.6 视频素材投稿

"视频素材投稿"界面如图1-45所示。通过"视频素材投稿"界面上传的作品并不会在B站发布，而是成为可在必剪中使用的功能道具。如果上传的视频素材被很多人使用，则上传者还会得到现金奖励。

图1-45　"视频素材投稿"界面

第 2 章

在B站投稿前要
知道的事儿

本章讲解在B站投稿前要知道的事儿。对自己的视频风格定位不清晰的读者可以按序学习本章的内容，对自己的视频风格定位清晰的读者可以按需学习本章的内容。

2.1　什么是人设

人设是"人物设定"的简称，在B站就是指Up主在视频中呈现给观众的特色或风格，即Up主在视频中的人设。例如，若我们觉得自己是一名"段子手"，则"段子手"就可以作为我们在视频中的人设。在B站，好的人设有两个重要特点：①定位清晰；②有辨识度。

2.2　通过三个问题找到适合自己的人设

如何才能找到适合自己的人设呢？请认真思考下面3个问题，并将答案写在对应的问题下面。

问题1：自己眼中自己的优势和劣势有哪些？

答案：_____

_____

问题2：别人眼中自己的优势和劣势有哪些？

答案：_____

_____

问题3：综合问题1和问题2中的优势，能长期保持热情做下去的事情有哪些？

答案：_____

_____

我们在通过上面的问题找到自己的人设后，就可以参考1.8节的B站分区介绍，找到适合自己的分区来打造自己的人设。

假设小李是一位正在找工作的大四学生，学的专业是编程教育，他在认真思考上面的3个问题后，给出了以下答案。

问题1的答案：个人认为自己的优势是文字功底扎实，乐于帮助他人解决问题，编程能力不错；劣势是所在大学的专业没有优势，不容易在北京、上海、深圳等一线城市就业。

问题2的答案：别人认为我的优势是风趣幽默，平时说话很会制造"笑点"；别人认为我的劣势是在公开场合演讲时表达能力欠缺。

问题3的答案：因为自身文字功底和编程能力不错，可以写出编程相关的教程和博客，并且乐于长期分享技术，自身属于乐天派，所以在文章中能加入"搞笑段子"活跃气氛。又因为在公开场合演讲时会紧张，但是私底下一个人面对计算机时可以侃侃而谈，所以可以打造"编程知识"分享的人设。

综上所述，小李可以考虑在1.8.6节所讲的科技区和1.8.7节所讲的知识区投稿相关视频。

2.3 什么是好的用户名

Up主的用户名要易读、易记、易传播，同时能突出Up主的个性和专业优势，吸引目标观众。以下是Up主的用户名取名建议。

- 性格特点+名字：突出个性，便于记忆；也可以用反义词强调反差。

- 标签+名字：明确受众和内容类型。

- 结合别名、性别、职业等身份标签，形成反差。

- 避免采用生僻字，要便于传播。

- 突出最能代表个人或作品类型的标签。

- 采用专业身份或职业标签，这会让人印象深刻。

2.4　如何策划视频选题

在找到自己的人设后，Up主就可以策划视频选题并进行后续的视频录制，在保证视频符合自身人设的前提下，为观众提供有趣且有吸引力的内容。这样才能不断输出优质的内容，得到越来越多的关注与支持。

2.4.1　视频与图文的逻辑一样

图文与视频的主要区别在于媒介和表达方式，但二者的核心都是产出高质量的内容。

从理论上来说，任何优质的图文都有可能被转化为视频。然而，需要注意的是，由于当前中长视频的类型并不丰富，因此在将图文转化为视频时，可能会受到一些类型的限制。例如，适合转化为视频的图文通常具有较强的故事性，但我们需要知道B站的视频并非电影，不必追求复杂的剪辑效果。

除了故事性，观众也非常关注信息的密度。例如，行业分析文章或专业知识解读在公众号上的阅读量可能不高，但如果将其制作成视频，则可能关注度提高。

2.4.2　满足观众的两大基础需求

观众有两大基础需求：①增量需求；②存量需求。

在视频选题策划阶段，我们要优先满足存量需求，再满足增量需求，这样启动成本会比较低，也更利于吸引粉丝。

什么叫存量需求？存量需求就是已经被挖掘出来的需求，不仅商家知道，观众自己也知道。增量需求，就是需要为观众培养的新的需求。

比如，我们要推广一门编程课程，如果发现"很多文科生都不懂编程，我们要做一款专为文科生准备的编程课"，即先满足增量需求，则我们最好不要做这样的课程。因为我们不仅要给文科生建立编程意识，还要培养他们编程的习惯，成本非常高。最好先满足存量需求，即解决已经在学编程的观众面临的问题，比如在课堂上没有学会某门编程语言、某些编程知识在网上没有被系统讲解、配置环境困难，等等。

2.4.3　观点最重要

创作视频的Up主都希望作品的完播率较高。完播率指观众完整观看视频的比率，但请记住：愿意看完我们的视频的人永远是少数。

从感官吸引上来说，B站长视频的完播率普遍不如其他短视频平台，其中一个原因：短视频的逻辑是快速制造悬念，让人上瘾并期待下一次推送；B站上的长视频则着重在视频时长内将一件事或者观点描述清楚。

那么，在B站发布长视频应该依靠什么吸引观众？最重要的因素是观点：B站各个分区逐渐拥挤，对于一些社会热点，相同分区的Up主几乎都会进行点评，这时决定胜负的就是观点。

以某品牌**出现危机为例，大部分人都喜欢用"带你了解**为什么会股价大跌"作为观点，这不是不可以，但人们十有八九会这么干，并且论证方式雷同，最后就变成了描述事件，这是新闻要做的事情，观众来这里不是看新闻的。

我们应该用一句话描述清楚自己的观点，比如"**背后有错综复杂的资本交易""我们本来就不爱喝**"等。这是因为观众在观看视频后，记住并深化印象的往往是Up主的观点，在向他人传播信息时，传播的往往也是这些观点。

其中最好的例子就是"何同学"。曾让他爆红的5G测速视频截图如图2-1所示。"何同学"在视频的前半部分描述的是5G信号有多快，虽然内容不错，但无法与其他数码博主的同类视频区分开；视频的后半部分通过整理用户对4G信号的评价来对比如今的5G信号，这才是神来之笔。

图2-1　曾让"何同学"爆红的5G测速视频截图

2.4.4　要让观众乐于分享

让观众乐于分享的视频往往有极高的流量。B站常见的让观众分享的6类视频类型有：励志类、喜剧类、鬼畜类、治愈类、教育类、正能量类。

- 励志类：在引人思考、激发人斗志的同时，为观众提供了实用的信息和指导性方案，旨在帮助观众应对常见的困境。

- 喜剧类：囊括的形式十分广泛，通过搞笑、讽刺等手法让观众感到轻松、愉快，还能够反映社会现象和人际关系中的一些问题。

- 鬼畜类：包括但不限于鬼畜音乐、鬼畜舞蹈、鬼畜MV、鬼畜短剧等，详见1.8.3节。

- 治愈类：通过温暖、可爱、感人的元素让观众放松、感动、被治愈和得到安慰。

- 教育类：包含独特的信息，可搭配大胆的语言和令人惊叹的视觉效果，同样富有活力并具有很强的分享价值。

- 正能量类：旨在提醒人们在需要共克时艰的时候，即便是很小的善举，也能够发挥出巨大的能量。

2.4.5　借助热门话题、热搜或排行榜

热门话题和热搜是当下大众关注的焦点，意味着"有流量"。借助热门话题和热搜来制作视频是一种有效的方法，能够提高视频的流量和曝光量。

要想获得流量，就需要适当地蹭热度，在标题中加入热门话题，这样能够提高视频的流量和曝光量。

在创作视频时，Up主需要对热门话题高度敏感，及时捕捉并跟进热门话题和流行趋势，巧妙地将它们融入自己的视频中，使视频在短时间内获得大量流量。

下面以B站的移动端App为例，演示如何找到当前热门话题。打开B站，在最下方的栏中选择"动态"，最上面显示的就是当前热门话题，其部分截图如图2-2所示。

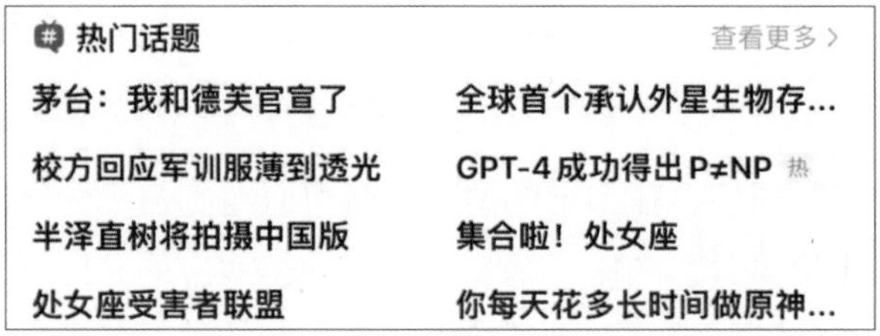

图2-2　当前热门话题的部分截图

点击图2-2所示的"查看更多"，会看到更多热门话题。Up主在蹭热度时也要注意适度，不能过分依赖热门话题而忽略视频的质量和原创性。只有在保证视频内容优质的前提下，结合热门话题才能获得更好的流量和曝光量。

除了可以参考B站的热门话题，我们也可以参考微博、百度热搜、抖音、

知乎等其他平台的热门话题。

　　B站官方也提供了排行榜，可以显示全站范围内的热门视频。打开B站官网或App并登录账号，可以在B站官网或App上方发现"热门"分区。B站官网的"热门"分区截图如图2-3所示，B站App上的"热门"分区截图如图2-4所示。

图2-3　B站官网的"热门"分区截图

图2-4　B站App上的"热门"分区截图

　　点击"热门"图标，在弹出的窗口中就可以看到各个分区的排行榜。如果想要查看某个具体分区的排行榜，就可以点击对应的分区标题，例如"动画""游戏""生活"等。在排行榜上方有不同的筛选条件，可以按照播放量、收藏量、弹幕量等多种条件将排行榜排序。另外，B站也提供了24小时、3天、7天、30天等多种时间段的排行榜，方便我们查看不同时间范围内的热门视频。

2.4.6 避免出现的内容

B站分区众多，Up主的创作相对多元化，但有一些内容绝对不能出现在自己发布的视频中，比如对于下面两种内容，从一开始就要避开。

（1）涉及违禁、敏感话题的内容：Up主发布的内容是会产生一定公众影响力的，所以在进行内容创作时，Up主有责任和义务检查其内容是否涉及违禁、敏感话题。除了要注意一般的政治禁忌，Up主还要注意以下几点。

- 不要涉及邪教和封建迷信。

- 不要侮辱或诽谤他人。

- 不要涉及色情擦边内容。

- 不要涉及民族歧视、破坏民族团结的内容。

- 在种族、肤色、性别、性取向、宗教、地域、残疾等方面，不能有歧视的内容。

（2）抄袭的内容：Up主创作的内容要具有独特性，才能有竞争力。Up主在进行内容创作时，切忌盲目模仿或者抄袭他人的视频，要坚持自己的账号特色；切忌将其他视频网站的内容搬运至B站进行原创投稿，如果自己的账号被B站定义为营销号，就会影响自身权重，导致视频被限流，严重者会被封号。

2.5 如何创作视频

在确认好视频选题后，就可以创作视频了。记住：我们发布的视频就是我们的作品，准备越充分，作品被观众认可的可能性就越大。

好的视频往往有脚本。脚本是整个视频的发展大纲，能确定视频的发展方向和细节，所以，我们在拍摄前要尽可能地用文字或者绘画记录每个重点内容的画面。

2.5.1 尽量在前10秒内给出精彩预告

互联网上的视频，如果没有在最初几秒内向观众呈现其想看的内容，观众就会直接浏览下一个视频。

因此，Up主在视频策划阶段就要有意识地在视频开头预留一个位置，以此来播放整个视频的小型预告片，因为能否让人们观看后续的视频就取决于此。精彩的视频开端往往能够迅速提高观众的积极性，使观众产生"想看"的冲动，从而使他们集中注意力，认真观看视频接下来要展示的内容。

2.5.2 巧用钩子做视频开头

巧用钩子做视频开头，是指在视频的开头通过某些元素或设计，吸引观众的注意力并激发他们的兴趣。以下是一些常见的视频开头的钩子类型。

（1）好奇类：利用观众得不到、没体验过的事物激发其好奇心，例如"**是一种什么体验；如果不**也能**"。

（2）借势类：与名人等自带的流量或热点产生关系，例如"某**大火，我却关心**；某明星都在用的**"。

（3）痛点类：痛点不解决，就会引起观众的共鸣，让其产生看下去的冲动，例如"为什么**，却**；不知道**？一定要**"。

（4）极限类：吸引力越强，就越容易引起观众的重视，例如"这是全网最**；99%的人都不知道的**"。

（5）警示类：通过提出问题起到警示作用，引起危机感，例如"**揭秘，千万不要**；如果你再不**，就会**"。

（6）反差类：利用前后对比形成反差，令观众耳目一新，例如"不知道**？一定要**；最新**，你不会不知道吧"。

（7）利益类：利用观众"捡漏"的心理给出好处，例如"没想到**就可以**；有了**再也不用**"。

2.5.3 写拍摄要点

写拍摄要点是视频拍摄的关键环节之一，因为拍摄要点为拍摄工作提供了一个详细的大纲，使得整个拍摄过程更加有条理和高效。一个好的脚本设计可以帮助Up主明确拍摄的流程、场景、画面和技巧等细节，从而避免在拍摄过程中浪费时间或者出错。

以一位学生Up主拍摄上学日的Vlog为例，该Vlog可以按照时间顺序展开，依次拍摄早上起床出门、上午上课、下午上课、傍晚放学回家、晚上休闲等流程化的内容。

首先，在脚本框架中需要列出每个时间段的具体内容，如下所述。

（1）早上起床出门：描述早上起床、洗漱、穿衣、吃早餐等过程，并拍摄相应的场景和画面。

（2）上午上课：列出上午要上的课程名称、上课时间和地点等，并描述对每个课程需要拍摄的画面和相应的拍摄技巧。

（3）下午上课：类似上午的流程，列出下午的课程信息，并描述相应的拍摄计划。

（4）傍晚放学回家：描述放学后回家的过程，包括走路、乘坐交通工具等，并拍摄相应的场景和画面。

（5）晚上休闲：描述晚上自由活动的时间安排，比如看书、看电视、社交等，并拍摄相应的场景和画面。

在列出每个时间段的具体内容后，就可以加入故事细节了。例如，在每个时间段都添加一些有趣的细节或者情感元素，使得整个视频更加生动、有趣。还需要考虑如何运用镜头来表现这些细节和情感元素，比如采用特写镜头、中景镜头、远景镜头等。

总之，脚本设计是视频拍摄的重要环节，它能够帮助Up主更加高效地进行拍摄，同时能够保证整个视频的质量和连贯性。

2.5.4　构思拍摄细节

在有了拍摄要点后，就可以构思拍摄细节了。Up主需要在脑海中构建出一幅完整的画面，并不断地在拍摄现场实践（排练），与脚本磨合，以达到最佳效果。需要特别注意的是，不同的镜头运用可以产生不同的效果，比如近景镜头可以突出演员的表情和情感，远景镜头可以展示场景的全貌和氛围，运动镜头可以制造动感和节奏感，特写镜头可以强调细节和情感，等等。

2.5.5　开始视频录制

在以上工作完成后，就可以根据确定好的大纲和拍摄细节进行视频录制了。进行视频录制一般经过以下3个步骤。

（1）选择录制方式：在录制之前要先根据自己的内容选择最适合的录制模式。

（2）准备相关设备和软件：在确定好录制方式之后，就可以针对录制方式准备相关设备和软件了，比如计算机、录音设备、录像设备及录屏软件等。

（3）进行录制：根据设计好的大纲逐步录制，如果在录制过程中出了小问题，则也不用太担心，更不用因为一点小错误而重新录制整个课程，只需对错误的部分进行剪辑或者重新录制即可。如果在视频录制过程中出错太多，则建议重新录制，以免后期浪费太多时间。

2.5.6　视频剪辑

市面上有很多免费的视频剪辑工具，第5章会介绍B站官方剪辑工具"必剪"的更多玩法，其他剪辑工具的玩法类似。我们使用视频剪辑工具是为了将录制好的原始样片进行后期加工，加工的内容如下。

（1）整理素材：将样片中口误、录错等不需要的部分直接删除，保证视频的流畅度。

（2）增加过渡效果：为不同镜头间的切换增加过渡效果，使视频看起来更加流畅和自然。

（3）调整色调：对色调的把控是剪辑中的重要一环，我们不应频繁更换色调，而是要保持统一且合适的色调。选择日常色调如日系小清新、港风色调等，可以更好地突出视频的内容。

（4）添加特效：适当地为素材添加特效，可以提升视频的吸引力，比如放大特效。在B站的视频中会经常运用放大特效来展示人物的表情、动作等。

（5）增加层次感：在视频剪辑过程中要注意画面的层次感，可以采用画中画、蒙版等形式来丰富画面，同时可以在拍摄时进行多机位布置，捕捉更多角度的素材，增强剪辑的层次感。

（6）添加音乐和音效：音乐和音效也是剪辑中重要的一部分，为视频添加适合的音乐和音效可以增强视频的感染力。

以上是基础的剪辑要点，它们相互联系、相互影响，共同决定了视频的质量和观感，读者根据自己的视频特色进行剪辑即可。

2.6　如何填写更好的投稿信息

在完成视频创作和剪辑后，就可以将视频投稿了，好的视频标题和简介等投稿信息会为视频增加更多流量。注意：本节是基于上百个热门视频的设置信息所给出的一些参考，读者并不一定要完全照搬这些内容，以自己的视频特点为准按需填写即可。

2.6.1　视频封面

视频封面是视频最先被观众看到的元素，其重要性不言而喻。"视频封面设置"界面如图2-5所示。

图2-5　"视频封面设置"界面

B站默认会根据视频给出1个视频封面和4个推荐视频封面，如果其中有满意的视频封面，就可以直接使用。如果没有，就要自己来设置，然后点击图2-5所示的"更改封面"进行封面上传。

若想设置更吸睛的视频封面，那么可以参考以下技巧。

（1）确定视频的主题和风格：确定视频的主题和风格有助于确定视频封面的整体基调。例如，如果视频是关于旅游的，在视频封面上就可以展示一些旅游景点或者特色美食；如果视频是关于科技产品的，在视频封面上就一定要展示产品。

（2）使用高质量的图片素材：使用高质量的图片素材可以提升视频封面的质感。我们既可以使用自己拍摄的照片，也可以从网上找到一些高质量的图片素材。

（3）凸显视频的亮点和卖点：视频封面能凸显视频的亮点和卖点，让观众第一时间了解视频的内容。例如，如果视频是关于Photoshop教程的，在视频封面上就可以展示一些Photoshop特效或者工具图标。

（4）保持简洁、清晰：好的视频封面应该避免采用过多元素和设计杂乱，使用简洁、清晰的字体和颜色可以突出视频封面的主题和亮点。我们可以在Photoshop等图像编辑软件中添加字体，也可以点击图2-5所示的"封面模板"进入编辑模式，先选择"文字"，然后添加字体即可，如图2-6所示，在完成制作后点击"完成制作"按钮。

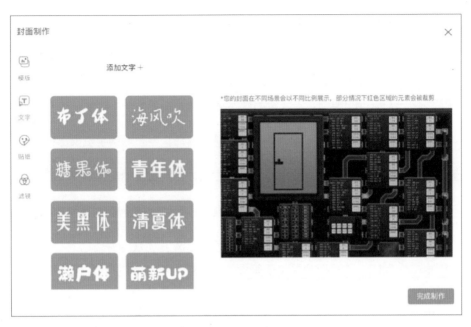

图2-6 添加字体

（5）添加水印或标志：如果视频是个人作品或者代表某个组织或品牌，则记得在视频封面上添加水印和标志，这有助于提高辨识度和增强宣传效果。

（6）注意大小和格式：B站对视频封面有像素大小和格式上的要求，一般来说，B站上的视频封面需要为1920像素×1080像素，为JPEG或PNG格式。

2.6.2 视频标题

好的视频标题能够吸引观众的注意力并激发其观看兴趣。在B站，视频标题默认支持80个以内的中文字符。以下是设计B站视频标题的一些技巧，可以帮助读者想出更吸睛的视频标题。

（1）突出主题和亮点：例如，如果我们的视频是关于化妆技巧的，则视频标题就要突出某些特定的技巧或者效果，举例如下。

- 化妆技巧视频标题：打造迷人猫眼妆，让你的眼神更有魅力。

- 美食视频标题：烤肉大师教你一招，肉质鲜嫩、口感绝佳。

- 健身视频标题：7分钟燃脂挑战，快速塑造完美曲线。

（2）使用关键词和流行语：在视频标题中加入关键词和流行语可以提高视频的可见性和点击率。例如，如果视频是关于手机摄影的，在视频标题中就可以包含一些流行的摄影术语或者品牌名称，举例如下。

- 手机摄影视频标题：华为Mate 60摄影指南，全面解锁手机摄影技巧。

- 健康饮食视频标题：超火的泡面减肥法，告别脂肪秒瘦身。

- 旅行攻略视频标题：最佳旅行装备推荐，带你玩转全球热门景点。

（3）创造悬念：一个充满悬念的标题可以激发观众的好奇心，让其想要了解更多。例如，如果视频是关于美食的，在视频标题中就可以涉及一些引人入胜的烹饪秘诀或者奇妙的美食体验，举例如下。

- 美食视频标题：这道菜竟然有隐藏的秘密配料？你绝对猜不到！

- 恐怖故事视频标题：最离奇的失踪案，探秘真相令人震惊。

- 科技新闻视频标题：全球首个神秘黑匣子曝光，引发科学界大热议。

（4）语言简洁明了：一个好的视频标题应该简洁、明了，避免使用过多的字数和复杂的语言表达，这样可以突出视频的主题和亮点，举例如下。

- 健身视频标题：30天燃脂挑战，快速消脂，塑造完美身材。

- 心理学知识视频标题：掌握情绪管理技巧，提升生活幸福感。

- DIY手工制作视频标题：用废物打造时尚首饰，环保又时髦。

（5）加入情感元素：一个满满都是情感元素的视频标题可以引起观众的共鸣和情感连接。例如，如果你的视频与感人的故事或者温暖的经历有关，在视频标题中就可以加入一些情感词汇或者表达方式，举例如下。

- 励志视频标题：追逐梦想的故事，感动我们的心灵。

- 动物保护视频标题：萌宠救助行动，温暖你的心房。

- 感人纪录片视频标题：奇迹般的重逢，让人热泪盈眶。

2.6.3 视频类型和分区

如果视频是Up主自己制作的，则在发布时请选择"自制"，视频类型和分区如图2-7所示。如果视频是从其他网站搬运的，则在发布时请选择"转载"，并填写原视频的链接。Up主要根据投稿视频的特点选择合适的分区，关于各个分区的介绍详见1.8节。

图2-7 视频类型和分区

如果将转载视频写成自制类型，则一旦被其他观众举报或被B站机器人发现，我们就会收到投稿类型错误提示，稿件流量也会受影响（即"限流"），如图2-8所示。

图2-8 稿件流量受影响提示

如果账号收到多次限流提醒，则会影响自身权重，所以我们务必选择正确的视频类型。

如果自制的视频被他人提前转载到B站，则可点击图2-8所示的"点击查看详情"，查看具体的"撞车"视频，根据B站的要求提供相应信息，进行原创申诉。

2.6.4 视频标签

视频标签可以帮助视频被准确地标记和分类，使其能够被用户更加方便地搜索和发现。通过给视频添加适当的标签，可以提高视频在B站的曝光率和浏览量。这意味着用户可以更容易地通过搜索相关标签来找到自己感兴趣的视频，提高视频的可见性和点击率。

投稿视频时的"标签"界面如图2-9所示。

图2-9 投稿视频时的"标签"界面

在图2-9所示的标签栏中输入标签的内容，再按下回车键（Enter键）发送，就可以为视频添加标签，默认最多添加10个标签。图2-9所示的推荐标签，是B站自动根据视频标题推荐的，若该标签满足我们的需求，则直接点击使用即可。参与话题为活动类话题，只能添加一个，推荐勾选添加，如果符合活动要求，则还会有奖励和流量扶持。

在填写视频标签时可以参考以下要点。

（1）准确概括视频的主题和内容：视频标签应该能够准确概括视频的主题和内容，从而吸引对相关内容感兴趣的受众。例如，如果视频是关于旅行的，就可以在视频标签中使用"旅行""旅游""景点推荐"等关键词。

（2）突出视频的亮点和特点：视频标签应该能够突出视频的亮点和特点，从而让观众在第一时间了解视频的核心内容。例如，如果视频是关于美食制作的，就可以在视频标签中使用"美食教程""家常菜谱"等关键词。

（3）结合当前时事热点话题：结合当前时事热点话题可以有效地提高视频的可见性和点击率。例如，如果视频是关于夏季旅游的，就可以在视频标签中使用"高温避暑好去处"等关键词。

（4）考虑目标受众：在设置标签时，应该考虑自己的目标观众是谁，了解他们的兴趣和喜好，从而选择适合他们的关键词作为标签。例如，如果目标观众是年轻人，就可以在视频标签中使用"潮流生活""恋爱故事""流行趋势"等关键词。

通过这些方法可以帮助视频更好地被推荐和观看。

2.6.5　填写视频简介

视频简介能够对视频进行补充和升华，可以在其中添加视频中提到的资源链接，也可以是其他视频，直接输入视频的BV号就可以跳转到其他视频，具体操作详见6.1节。

视频简介应该能够尽可能地准确概括视频的主题和亮点，让观众能够在第一时间了解视频的内容。在视频简介中要避免使用过多的字数和复杂的语言表达。需要使用简单明了的语言来概括视频的核心内容，让观众快速了解视频的主题和亮点。

2.6.6　定时发布

勾选"定时发布"后，就可以设置定时发布时间，如图2-10所示。

图2-10　设置定时发布时间

如果需要在指定的时间内发布视频，则可以使用该功能。请注意定时时间，要在至少当前时间2小时后，并且不能超过15天。

2.6.7　二创设置

勾选该项表示允许二创，如果非特殊原创要求，都可以勾选该项，如图2-11所示。

图2-11　勾选"允许二创"

将鼠标光标移到"二创设置"右侧的按钮上，可以看到图2-11所示矩形框中的内容，在弹出的界面有完整的二创协议，如图2-12所示。

图2-12　关于二创的内容

视频二创计划服务协议的重点如下，若想了解完整的内容，则可自行阅读该协议。

Up主加入本计划，代表其同意B站及其关联方对稿件进行复制、改编、剪辑等操作，以及在授权平台上展示和传播二次创作的内容。这些授权是全球范围内、非独家、永久、可撤销的，并且可以在B站及其关联方之间进行转授权。撤销授权或修改、删除稿件等行为不影响已发布的二次创作内容的继续传播。

2.6.8　更多设置

点击"更多设置"，会弹出"更多设置"界面，如图2-13所示。下面会对其中的每一项都进行详细讲解。

1. 声明与权益

勾选"自制声明"后，该文案会被显示在"视频播放"界面，可以在再次编辑时取消它。一旦取消勾选操作，则不可再次勾选。如果我们发布的视频是自制的，则建议勾选"自制声明"。

如果在视频稿件中涉及商业推广，就选择"含商业推广信息"，然后在弹出的界面依次填写相应的商业信息即可。如果涉及商业推广，并选择"不含商业推广信息"，则一旦被B站审核出来，视频稿件就将被限流。

更多设置 （含声明与权益、视频元素、互动管理等） ∧

声明与权益

自制声明 ⓘ   ☑ 未经作者授权 禁止转载

商业声明 ⓘ   ◉ 不含商业推广信息   ○ 含商业推广信息

充电设置   ☑ 启用充电面板

视频元素

卡片配置   ＋个性化卡片

字幕设置 ⓘ   ＋上传字幕

高级设置   ☐ 杜比音效 ⓘ   ☐ Hi-Res无损音质 ⓘ

互动管理

互动设置 ⓘ   ☐ 关闭弹幕   ☐ 关闭评论   ☐ 开启精选评论

粉丝动态   有趣的动态描述，会增加被小编捕捉为热门动态的机会鸡 (=´ω`)/   0/233

图2-13   "更多设置"界面

勾选"启用充电面板"后，粉丝便能对稿件进行充电支持。充电指观众可以给自己喜欢的Up主打赏电池。"充电"按钮只有实名认证的Up主才能拥有，1元人民币=1个B币=10块电池，5B币起卖。对于充电计划，B站作为运营商会抽取30%的额度。

如果Up主的电磁力达到3级且信用分大于或等于60，则在声明与权益中还会有"加入合集"功能，如图2-14所示，Up主根据视频类型选择加入相应的合集即可。关于电磁力的解释详见3.9.1节。

加入合集   请选择合集   ∨

图2-14   "加入合集"功能

2. 视频元素

点击图2-13所示的"个性化卡片"，可进入"添加元素"界面，如图2-15所示。

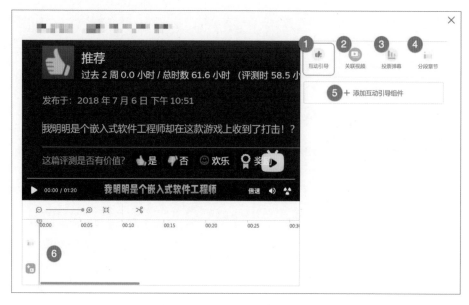

图2-15　"添加元素"界面

图2-15所示①②③处的组件都遵循如下规则。

- 在同一时间节点下只能设置一种组件。

- 组件彼此之间不能有时间重叠。

- 提交组件后，点击相应的组件，在"设置"界面点击垃圾桶图标就可以删除该组件。

先选择图2-15所示标记①处的"互动引导"组件，然后点击标记⑤处的"添加互动引导组件"进入"设置"界面，如图2-16所示。其中，在标记①处设置"互动引导"按钮所在的时间段，该按钮只可持续5秒。组件样式如无特殊需要，选择默认"三连+关注"即可。我们既可以通过标记②处设置起始时间，也可以通过拖拽标记⑤所在时间轴下方的灰色进度条或上方的时间条设置"关注&三连"按钮的起始时间。注意：对一个视频只能设置一个"互动引导"组件。如果日后需要自动添加该按钮，则可勾选标记③处的"新投稿自动添加"，后续就会自动基于当前设置添加"互动引导"组件。添加成功后，"互动引导"组件就会出现在视频的指定位置，即图2-17所示的矩形框位置。

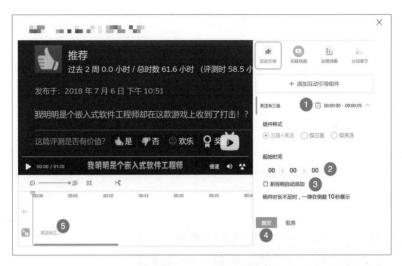

图2-16 "设置"界面

图2-17 "互动引导"组件出现

选择图2-15所示标记②处的"关联视频"组件，图2-15所示标记⑤处会变为"添加关联视频"，点击它，会进入"关联视频"界面，如图2-18所示。

图2-18 "关联视频"界面

首先在图2-18所示标记①处填写"本人已投稿"或者"开放的番剧"BV号（类似"BV1uw411i7X3"），然后在标记②处填写相应的描述文案，接着设置起始时间，设置方式见图2-16所示下方的解释。确认无误后，点击标记③处的"提交"按钮，就可以在视频的指定位置看到"跳转"组件。注意：对一个稿件最多添加3个"关联视频"组件。

选择图2-15所示标记③处的"投票弹幕"组件，图2-15所示标记⑤处会变为"添加投票弹幕"，点击它，会进入"投票弹幕"界面，如图2-19所示。

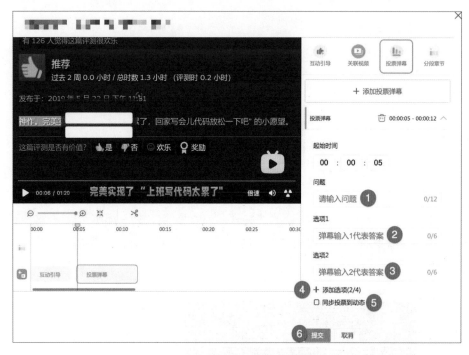

图2-19　"投票弹幕"界面

图2-19所示标记①处为希望观众回答的问题，问题描述在12个中文字符以内。标记②和③处为问题的选项，如果需要更多选项，就点击标记④处的"添加选项"按钮，最多添加4个选项。如果需要将该投票弹幕同步到动态中，就勾选标记⑤处的选项。之后设置起始时间。确认无误后，点击标记⑥处的"提交"按钮，就可以在视频的指定位置看到"投票弹幕"组件。注意：对一个稿件只能添加1个"投票弹幕"组件。

选择图2-15所示标记④处的"分段章节"组件，图2-15中标记⑤处会变为"切割章节"，点击它，会进入"切割章节"界面，如图2-20所示。

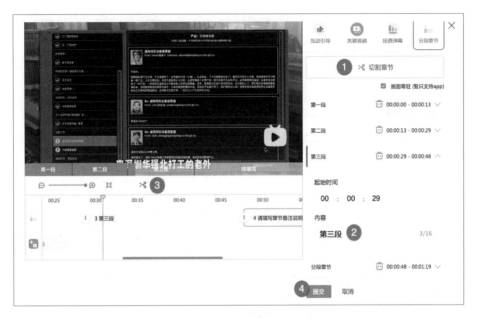

图2-20 "切割章节"界面

图2-20所示标记①处为"切割章节"按钮，在视频播放5秒后才可以使用切割功能。在标记③处有相同的功能，因为离时间轴位置较近，所以经常被使用。切割后在对应的标记②处填写章节的内容即可。确认无误后，点击标记④处的"提交"按钮，就可以在视频的时间轴处看到"章节"组件，如图2-21所示。

图2-21 "章节"组件出现

点击图2-21所示呈现的章节名称，就可以快速跳转到该章节。

点击图2-13所示的"上传字幕",会进入"添加字幕"界面,读者根据提示进行字幕上传即可。

如果需要对投稿视频中的音频进行高级处理,则根据音频自身的格式在图2-13所示的"高级设置"中选择相应的格式即可。如果只是普通视频,就不用特意设置了。

3. 互动管理

对于图2-13所示"互动设置"中的选项,如无特殊需要,则默认不勾选即可。

Up主可以设置一些有趣的引导作为图2-13所示"粉丝动态"的内容,该内容会在发布动态中呈现,如图2-22所示。

图2-22 "粉丝动态"的内容在发布动态中呈现

图2-22所示矩形框中的内容就是已填写的粉丝动态内容,以我们自己指定的内容为主。注意:一定要遵守社区规范,如果在视频中有违禁词,则会导致视频无法投稿。

第 3 章

创作中心与帮助

B站的创作中心涵盖了内容管理、粉丝管理、互动管理和创作设置等功能，这些功能都可以帮助Up主更好地运营自身账号。在移动端打开B站App，点击"我的"菜单，即可看到创作中心，如图3-1所示。

图3-1 点击"我的"菜单，即可看到创作中心

本节基于B站网页端进行讲解（App端的操作同理），在浏览器中打开B站，点击B站右上角头像栏的"创作中心"，如图3-2所示，弹出的创作中心首页截图如图3-3所示。

图3-2 B站网页端的创作中心入口

图3-3 创作中心首页截图

在创作中心首页会显示Up主前一天的视频、专栏、评论、弹幕和收益等数

据，在每天中午12点更新前一天的数据。接下来按照图3-3所示的序号顺序讲解创作中心首页相应功能的用法。

3.1 内容管理

点击图3-3所示①处，会进入"内容管理"界面，内容管理涉及稿件管理、申诉管理和字幕管理，接下来进行详细讲解。

3.1.1 稿件管理

稿件管理就是对已发布的稿件进行管理，涉及对视频、合集、专栏、互动视频、音频、贴纸、视频素材的管理，该界面如图3-4所示。图3-4所示的矩形框内为搜索栏，Up主若发布了较多的稿件，那么可以通过在搜索栏中输入稿件的关键字来快速找到相应的稿件。

图3-4 "稿件管理"界面

其中，视频管理最常用。在"视频管理"界面会显示Up主已发布的所有视频稿件及其基础数据，包括标题、发布日期、播放量、点赞量、弹幕量、投币量、收藏量和转发量。以某个视频稿件为例，其显示方式如图3-5所示。

图3-5 "视频管理"界面

点击图3-5所示的"编辑"按钮，会进入类似图1-34的"发布"界面，Up主在根据需要修改视频稿件的内容后，点击"立即投稿"按钮，就可以提交修改，待B站审核通过后，本次修改便可生效。

点击图3-5所示的"数据"按钮，会进入"互动分析/流量分析"界面，如图3-6所示。在该界面有更全面的数据概览，还会显示弹幕热点区分布图和观众离开趋势，我们可以据此灵活调整视频稿件。

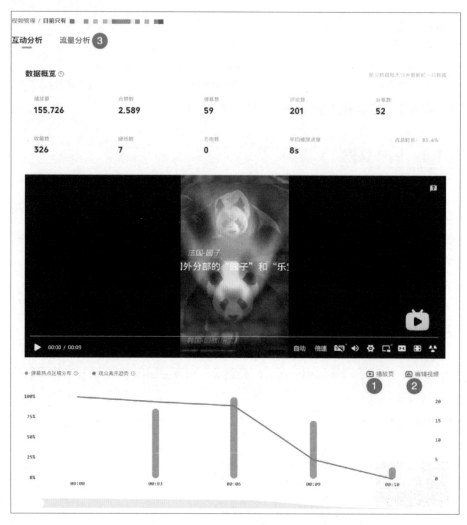

图3-6 "互动分析/流量分析"界面

点击图3-6所示①处的"播放页"按钮，会进入"正常播放"界面。点击②处的"编辑视频"按钮，会进入"编辑"界面。点击③处的"流量分析"标签，会进入"流量分析"界面。

　　"流量分析"界面的部分截图如图3-7和图3-8所示，在该界面会展示相关视频在不同维度的观看数据，Up主可据此直观地了解观众的画像、兴趣、地域分布等。其中，"分析画像"数据常常作为商务合作问询阶段的参考数据，可帮助商务合作甲方了解Up主的粉丝受众是否与自己的品牌受众匹配。通过数据中心可以查看更详细的数据。

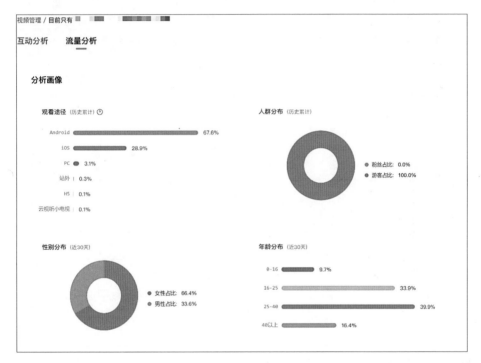

图3-7　"流量分析"界面的部分截图1

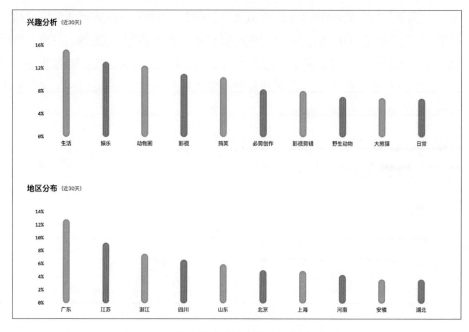

图3-8 "流量分析"界面的部分截图2

3.1.2 申诉管理

在"申诉管理"界面可以查看对B站判定违规的视频进行申诉处理的全部记录。

3.1.3 字幕管理

在"字幕管理"界面可以修改或删除全部视频中的字幕，以及Up主投稿给其他视频的字幕。

3.2 数据中心

点击图3-3所示②处，会进入"数据中心"界面。数据中心涉及视频、播放、观众和专栏，其部分截图如图3-9所示。由于B站会对每一项数据都给出详细的解释，所以这里不再赘述，请以自己的数据为准。

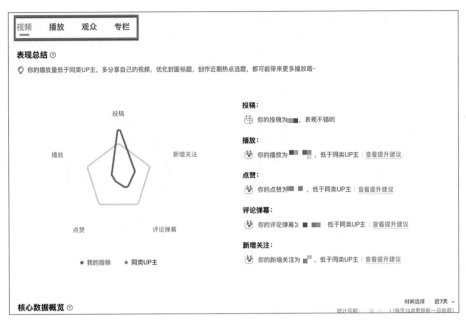

图3-9 "数据中心"界面的部分截图

这里重点讲解"观众"界面中的"粉丝画像"数据，其部分截图如图3-10所示。

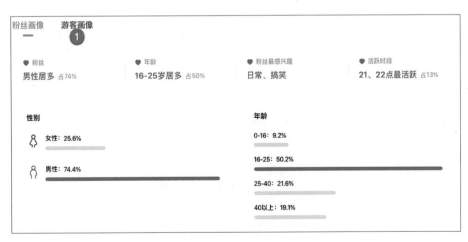

图3-10 "粉丝画像"数据的部分截图

粉丝画像指Up主的粉丝的性别、年龄、兴趣分布、活跃时段和地域分布。Up主通过图3-10所示的"粉丝画像"数据，能够了解粉丝的特点，制作更受粉丝欢迎的视频。"粉丝画像"数据会在每周二中午12:00更新。图3-10所示①处的"游客画像"指观看Up主视频的游客（非粉丝用户）的性别、年龄、兴趣分布、活跃时段和地域分布，能够帮助Up主了解自己的视频较受哪类游客欢迎，帮助Up主制作更受游客喜欢的视频，吸引游客成为自己的粉丝。

3.3　粉丝管理

点击图3-3所示③处，会进入"粉丝管理"界面。粉丝管理涉及粉丝勋章和骑士团。"粉丝勋章"界面如图3-11所示。

图3-11　"粉丝勋章"界面

粉丝勋章是Up主专属粉丝的身份标识，Up主满足以下任意一个条件即可开通粉丝勋章。

- 粉丝量在1000以上且在站内投稿过视频。

- 粉丝量在1000以上且开通了直播间。

Up主在开通粉丝勋章后,可以在"粉丝勋章"界面设置粉丝勋章的相关内容,了解粉丝勋章的领取情况及粉丝的等级排名。

骑士是由Up主选出来的能够在Up主的视频中删除或屏蔽违规弹幕或评论,并保护优质弹幕或评论的B站用户。只有通过实名认证且是Up主的粉丝,才能成为Up主的骑士。每位Up主目前最多可选出10名骑士。骑士团即由骑士组成的用户团体,其界面如图3-12所示,在"up主骑士团日志"中可以查询骑士的所有操作记录。

图3-12 "骑士团"界面

3.4 互动管理

点击图3-3所示④处,会进入"互动管理"界面。互动管理涉及评论管理和弹幕管理。

3.4.1 评论管理

Up主可以在"互动管理"界面管理用户的评论,包括用户可见评论和待精选评论,其部分截图如图3-13所示。在这里可按发布时间、点赞和回复的顺序分别查看评论，勾选指定的评论后，可以根据需要进行回复、点赞、删除或举报操作，如图3-14所示。

图3-13 用户可见评论和待精选评论的部分截图

图3-14 管理评论

Up主可以在这里管理视频、音频和专栏中的所有粉丝评论，可精选点赞量较高的正能量优质评论，删除或举报恶意评论。

3.4.2 弹幕管理

"弹幕管理"界面的部分截图如图3-15所示。

Up主可以在"弹幕管理"界面对现有的弹幕进行筛选、删除、保护等操作，还可以拉黑用户，如果弹幕数量太多，则可以在图3-15所示③处的搜索框中输入关键字快速查找相关弹幕。

通过图3-15所示②处的"弹幕保护"，Up主可以对一些特别的弹幕进行保护，比如字幕、解说、点赞量较高的弹幕等。在单个视频的弹幕增加到最大数量后（具体数量以Up主视频播放界面显示的为准），发送顺序靠后的弹幕会覆盖发送顺序靠前的弹幕，使其不再被显示。Up主可以挑选优秀的弹幕并为其添加保护，被添加了保护的弹幕会被置顶，不会被其他弹幕覆盖。

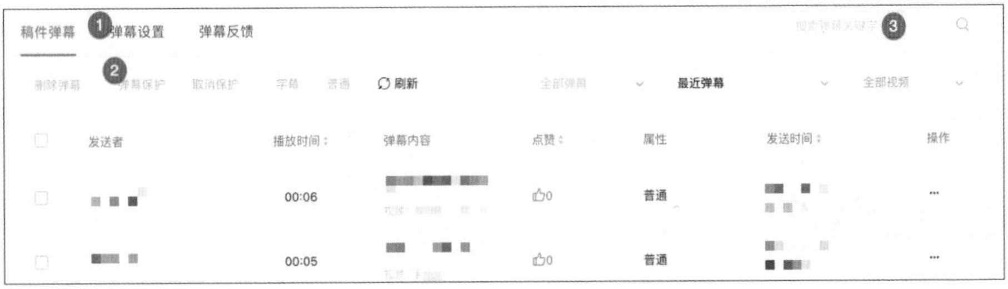

图3-15 "弹幕管理"界面的部分截图

点击图3-15所示①处的"弹幕设置"，会显示"弹幕设置"界面，如图3-16所示，Up主可以在该界面对指定弹幕的内容进行过滤和筛选。在图3-16所示界面的"关键词过滤"一栏中输入要过滤的关键词，例如"小笨蛋"，完成设置后，在Up主的所有投稿视频中都不会出现"小笨蛋"弹幕。如果遇到违反B站规定的弹幕，则可以在"弹幕反馈"界面进行举报。

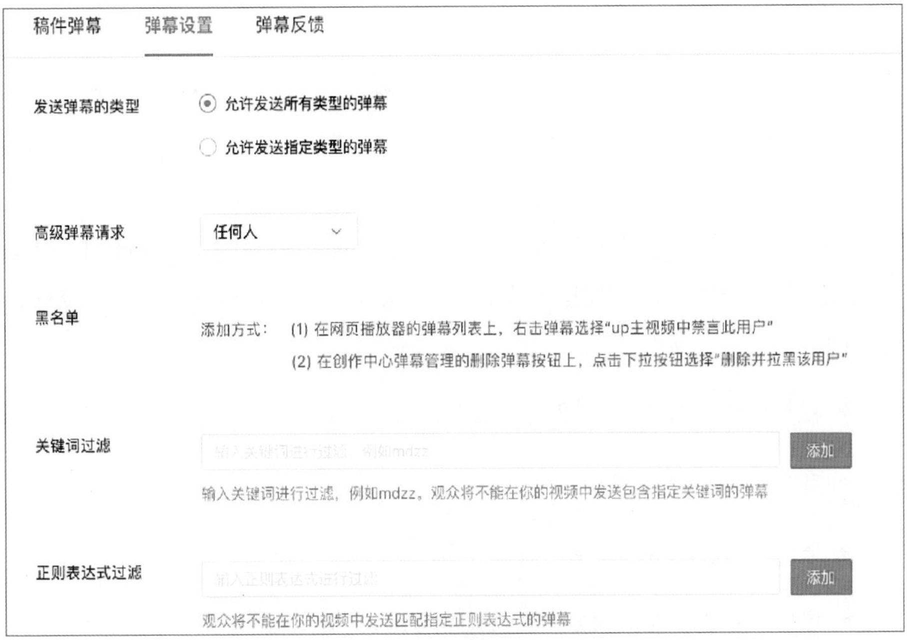

图3-16 "弹幕设置"界面

3.5 收益管理

点击图3-3所示⑤处，会进入"收益管理"界面。收益管理涉及收益中心、创作激励计划、充电计划、悬赏带货平台、任务广场、花火平台和模板激励。

3.5.1 收益中心

"收益中心"界面的部分截图如图3-17所示。Up主可以在"收益中心"界面查看自己的视频、文章、直播等所产生的收益明细，包括广告分成、礼物打赏、大会员分成等，还可以通过收益中心进行提现操作，将收益转入自己的银行账号。

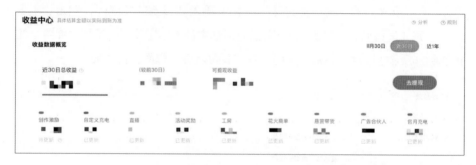

图3-17 "收益中心"界面的部分截图

要想获得收益，就必须开通创作激励计划。要想开通创作激励计划，就需要满足以下任一条件，之后就可以在"创作激励"界面找到开通创作激励计划的入口。

- 视频：电磁力≥Lv3，信用分≥80分。

- 专栏：浏览量≥30万。

- 素材：有自制的BGM、贴纸、视频素材被B站收录。

- 模板：成为模板创作者，有自制的模板被B站收录。

3.5.2　创作激励计划

B站为个人Up主精心打造了创作激励计划，适用于视频、专栏和素材。该计划为Up主提供的权益包括基础补贴和活动补贴。

- 基础补贴：根据自制稿件的数据表现产生，这些数据包括用户互动行为数据、在视频播放界面挂载广告的收入数据等。

- 活动补贴：根据各类玩法产生，这些玩法包括爆款小目标、涨粉攻擂赛、Up主试炼场等。

要想获得创作激励，就必须开通创作激励计划，开通条件详见3.5.1节。如果Up主的账号处于封禁状态或者为企业认证账号等，则无法开通创作激励计划。在"创作激励"界面可以找到开通创作激励计划的入口，如图3-18所示。

图3-18　开通创作激励计划的入口

Up主可以根据自身的数据情况，开通符合条件的创作激励计划。

3.5.3　充电计划

充电指观众给自己喜欢的Up主打赏"电池"，B站作为运营商会从中抽取30%的额度。Up主可以在"充电计划"界面查看粉丝所充的电池数量记录。只有完成实名认证，Up主才能拥有充电按钮。下面解释其中几项数据的含义。

- 收益总额：当前已结算的到账收益+上一结算日至今的到账收益。

- 本月收益：本月1号至今的到账收益（该收益已扣除平台抽成及支付渠道费，上月已结算收益的到账时间为次月4号中午12点前）。

- 当前成员总数：计算当前包月充电处于生效状态的成员总数。

- 本月新增成员：计算本月净增成员数量（新增人数减去流失人数）。

- 开通自动续订的成员仅计入开通首月的新增人数。

粉丝在订阅Up主的充电计划后，即可拥有充电专属勋章，获得充电专属标识，如图3-19所示。

图3-19　充电专属标识

此外，Up主可以在"充电管理"界面发布个人专属表情包，单次最多发布10个表情，二次元表情或真人表情均可。粉丝在订阅Up主的充电计划后，便可在Up主的个人视频和动态评论区中使用Up主发布的专属表情包进行评论。

充电表情包为私域表情，粉丝只能在被充电的Up主发布的内容下方的评论区中使用充电表情包。

因为充电属于营利性质，所以Up主在发布表情包时，需要注意图片版权和文字版权归属，不得使用非个人版权的图片或文字内容进行直接发布或二次创作后发布，要严格遵循B站的审核标准。

3.5.4　悬赏带货平台

悬赏带货平台是B站自主研发的商业合作平台，主要用于实现悬赏带货功能。Up主在完成实名认证且粉丝量大于或等于1000后，才能申请入驻悬赏带货平台。

Up主可以在悬赏带货平台上承接广告主发出的商品或服务信息展示邀请

（以下简称"推广需求"），如图3-20所示，在该平台上首先选择要带货推广的商品，然后设置广告演示并将其关联在自己的视频下方。B站将根据Up主的广告曝光率或商品销量为其发放收益。

图3-20 悬赏带货平台

3.5.5 任务广场

任务广场是B站为第三方广告商提供的商业平台，由第三方广告商发布任务，Up主通过完成任务来赚取佣金。

Up主在完成实名认证且粉丝量大于或等于1000后，才能申请入驻任务广场。

对于自2023年5月18日起上线的任务，B站现在都将收取其预估单价的5%作为服务费。以某任务预估单价10元为例，Up主每实现一个转化，其收益都预计为10×95%=9.5元。在任务结束后，可以前往【我的-我的任务】中对应地查看实际的收益情况。在任务结束后会统一结算收益，具体结算周期如下。

- 自T月1号至22号结束的任务，会在（T+1）月1号自动结算至贝壳，通过B站审核后，Up主可以在次月5号通过B站App【我的-我的钱包-贝壳】手动提现。

- 自T月23号起结束的任务，会在（T+2）月1号自动结算至贝壳，通过B站审核后，Up主可以在（T+2）月5号通过B站App【我的-我的钱包-贝壳】手动提现。

3.5.6 花火平台

花火平台是B站提供给品牌方挑选Up主进行商务合作的平台，会对Up主进行内容标签化标识，以方便品牌方精准地找到适合与自己进行商务合作的Up主，避免品牌方大海捞针或者依赖代理商的安利和推荐。

Up主需要年龄大于或等于18岁，完成实名认证且粉丝量大于或等于10000，同时信用分大于或等于60分，才能申请入驻花火平台。MCN或者品牌方可根据B站的规定入驻花火平台。

3.5.7 模板激励

模板激励是B站为视频剪辑达人提供的现金奖励，适合剪辑达人、鬼畜爱好者、二次元、"整活"能手（B站热词，表示剪辑者对话题、事件、人物等进行创造性改编、戏仿或调侃，以营造轻松、欢乐的氛围）等。

Up主可以在B站网页端的"模板激励"界面申请开通模板创作权限，如图3-21所示。

图3-21 申请开通模板创作权限

Up主也可以通过必剪右上角的设置按钮，选择"成为模板创作者"，申请开通模板创作权限。在Up主提交申请后，B站会对Up主以往的剪辑手法、创意、素材等进行综合审核，审核时间约为1~3个工作日。

在开通模板创作权限且模板上线后，Up主即可获得3元/个模板的保底收益，多做多得，上不封顶。B站官方依据模板上线后的使用、导出、稿件消费数据等综合计算Up主的收益。模板一经上线，Up主便可长期获得收益。

3.6 创作成长

点击图3-3所示⑥处，会进入"创作成长"界面。创作成长涉及任务成就和创作学院，接下来进行详细讲解。

3.6.1 任务成就

Up主通过完成B站发布的任务来获得创作积分（以下简称"积分"）或现金奖励，积分可用于兑换各类奖品。

B站发布的任务分为新手任务和限时任务。

- 新手任务：仅限未在B站投稿的Up主完成。Up主通过完成任务可逐步了解投稿功能。

- 限时任务：Up主会不定期触发限时任务，在完成任务后可获得额外的积分或现金奖励。

Up主在完成任务后，可以点击相应任务右侧的"领取"按钮获得积分或现金奖励。新手任务的奖励无领取时限；限时任务的奖励需要在完成任务后3日内领取，否则会过期。

Up主在成功领取积分后，可以在"积分兑换"栏点击想要兑换的奖品，在成功兑换后将被扣除相应的积分。

3.6.2　创作学院

在"创作成长"界面点击"创作学院"菜单，会进入"创作学院"界面，其部分截图如图3-22所示。

图3-22　"创作学院"界面的部分截图

创作学院提供了丰富的课程和资源，涉及基础知识、视频制作、视频管理、账号运营、内容变现等，旨在帮助Up主提升创作能力和技巧，更好地制作和发布优质的内容。这些课程和资源都是由B站官方或者经验丰富的Up主提供的，具有很高的实用性和指导意义。有经验的Up主也可以通过创作学院不断提升自己的创作水平和推广能力。

3.7　创作权益

点击图3-3所示⑦处，会进入"创作权益"界面。创作权益涉及兑换商城、版权保护和B站官方认证。

3.7.1　兑换商城

Up主可以通过激励金为自己或粉丝兑换大会员满减券或者折扣券。

3.7.2 版权保护

当Up主的电磁力等级达到Lv3时，版权保护功能将自动启用。版权保护是B站为保护原创作品而设立的一项Up主权益，无须Up主独家发布即可使用。如果Up主发布的原创内容在第三方平台被非法转载，B站则将提供免费的侵权监控和维权服务，是否维权则由Up主自行决定。

版权保护功能还支持白名单，可防止Up主在其他平台的账号被误判为侵权。Up主可以提交他们自行发现的站外侵权视频和账号信息，借助B站的法律团队，促使下线侵权视频或封禁侵权账号。

3.7.3 B站官方认证

通过B站官方认证的优势：专属标识、搜索优先、官方合作优先、商务合作优先。

B站官方认证分为两大类：Up主认证和机构认证，如图3-23所示。

- Up主认证（头像处展示黄色小闪电）：分为知名Up主认证、身份认证及领域认证。

- 机构认证（头像处展示蓝色小闪电）：分为政府认证、企业认证、媒体认证及组织认证。

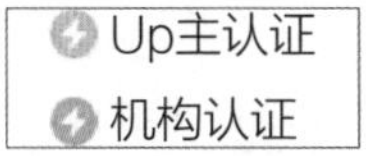

图3-23　Up主认证和机构认证

1. Up主认证

这里重点讲解Up主认证中的知名Up主认证。申请知名Up主认证的条件如下。

- 通过实名认证。

- 站内账号粉丝量满10万，粉丝量真实，无不良刷粉行为。

- 可选择与主要投稿分区一致的认证称号，例如"B站知名科普Up主"。

2. 机构认证

机构认证的类别如下。

- 政府认证：认证机构为政府组织、事业单位、公安机关、大使馆等。

- 企业认证：认证机构为企业、明星工作室、电竞战队等，暂不支持个体工商户进行企业认证。

- 媒体认证：认证机构为传统媒体、新媒体、节目频道或影视剧官方账号等。

- 组织认证：认证机构为学校、社会团体、公益组织、居委会等。

关于机构认证申请的要求和其他说明，可通过B站帮助中心中的"官方认证相关"条目进行了解。

3.8 必合协作

点击图3-3所示⑧处，会进入"必合协作"界面。Up主在完成实名认证且粉丝量大于或等于100，以及完成能力认证后，就可以申请入驻必合协作平台。

必合协作平台旨在帮助Up主更方便地进行视频素材的整合和管理，提升创作效率，支持对视频素材的上传、整理、搜索、共享等操作；它还提供了一些创作工具和服务，比如剪辑工具、特效库、音频库等，能帮助Up主更好地进行视频创作。其他用户也可以在必合协作平台上购买Up主发布的视频素材。

必合协作平台还提供了一些商业化的服务，比如素材销售、广告推广等，可促进Up主的创作产生商业价值，提升Up主的收益。

3.9 创作实验室

点击图3-3所示⑨处，会进入"创作实验室"界面。创作实验室涉及电磁力和投稿私信推送，如图3-24所示，Up主点击相应的"前往"按钮即可跳转到新界面。

图3-24　电磁力和投稿私信推送

3.9.1　电磁力

电磁力是一种度量Up主近期创作表现的数值体系，它不仅帮助Up主自我评估近期的创作表现，还决定了Up主能享有的权益。如果Up主的创作表现良好，那么他们的电磁力分值将会较高，对应的电磁力等级也会提升，从而享有更多的权益。

B站会考察Up主过去半年内的粉丝活跃度，并参考Up主的所有自制稿件在过去一个月内的播放量、互动量等数据，通过综合评估来计算出电磁力分值和对应的电磁力等级。

电磁力分值与电磁力等级的对应关系如表3-1所示。

表3-1　电磁力分值与电磁力等级的对应关系

电磁力分值	电磁力等级
0～100	Lv1
101～200	Lv2
201～300	Lv3
301～400	Lv4
401～500	Lv5

续表

电磁力分值	电磁力等级
501~600	Lv6
601~700	Lv7
701~800	Lv8

不同的电磁力等级对应不同的权益，比如Lv6对应的权益如图3-25所示。在电磁力等级达到Lv8后，Up主可享有全部权益。

图3-25　Lv6对应的权益

图3-25所示的信用分用来评估Up主是否严格遵守B站的创作规则。遵守创作规则是有利于提高账号的信用分的，Up主每出现一个违规稿件，信用分就会被扣5分。

3.9.2 投稿私信推送

在图3-26所示的界面开启"私信投稿推送"功能后，特别关注Up主的粉丝将在私信内及时收到B站推送的Up主的视频和专栏投稿信息。在本界面下方还可以设置附赠留言。

图3-26 开启"私信投稿推送"功能和设置附赠留言

3.9.3 起飞推广

起飞推广是一款付费内容推广工具，在B站App端的创作实验室中使用。Up主在支付起飞推广费用后，可以将指定的内容推广至更多的用户，扩大传播范围，提升内容营销效果。

起飞推广分为"内容起飞"和"商业起飞"两大类，两者在后台操作、定向维度等方面的区别不大，主要区别为助推内容的性质：内容起飞只能推广非商业化的内容，例如个人Up主的原创视频；商业起飞可以推广商单合作的内容。

3.10 社区公约

点击图3-3所示❶处，会进入"社区公约"界面。B站是一个由粉丝共同创建的内容社区，鼓励粉丝围绕各自的兴趣和爱好认真创作及交流，结识同好，收获成长。在"社区公约"界面可查看B站所有公约的详细内容。

3.11 创作设置

点击图3-3所示⑪处，会进入"创作设置"界面，如图3-27所示。点击图3-27所示①处的"编辑"按钮，会弹出新的界面，如图3-28所示。

图3-27 "创作设置"界面

图3-28 开启"原创视频稿件添加水印"功能

在图3-28所示的界面开启"原创视频稿件添加水印"功能后，还可以设置以Up主用户名制成的水印的出现位置。水印默认被添加在视频右上角，我们可以点击最下方的"选择位置"按钮，将水印添加在其他位置。

通过在视频中添加水印，可以在一定程度上保护Up主的视频版权。水印可以包括Up主的标识、品牌名称或网址等信息，使他人难以将视频用于未经授权的商业活动，减少盗版和侵权行为。水印还可作为Up主的可识别标记，利于推广和曝光。

点击图3-27所示②处的"编辑"按钮，会弹出"联合投稿权限设置"界面，默认"允许人邀请我"，Up主可以根据需要进行调整。

对图3-27所示③、④和⑤处，保持默认的打开状态即可，除非Up主有特殊需要，否则不建议将其关闭。

点击图3-27所示⑥处的"编辑"按钮，会弹出"云视听小电视贴标"界面，可开启"允许在视频中增加'云视听小电视同步播出'贴标"功能，如图3-29所示，这可以让Up主的作品获得更多的电视用户关注。

图3-29　开启"允许在视频中增加'云视听小电视同步播出'贴标"功能

Up主的稿件若经筛选进入云视听小电视（B站的TV版）的内容库，则会在视频前5秒、画面左上方显示贴标（效果见图3-29）。目前该贴标仅在B站App端观看时可见，开启后对新上传的稿件有效。

3.12 获得B站帮助

在"创作中心"界面的右侧有"遇到问题"栏，如图3-30所示，这里是B站提供的Up主求助窗口，本节依次讲解其中的帮助中心和人工客服。

图3-30 "遇到问题"栏

3.12.1 帮助中心

点击图3-30所示①处，会进入"帮助中心"界面，该界面的部分截图如图3-31所示。Up主可以在这里找到各种问题的解决方案，包括账号问题、播放问题、创作问题、社区规范问题等。这些问题都被归类在不同的主题下，方便用户查找。

图3-31 "帮助中心"界面的部分截图

Up主在遇到问题时可以先尝试在第3章中找到解决方案，如果没有找到，则可以借助帮助中心，如果还是没有找到解决方案，则可以咨询人工客服。

3.12.2 人工客服

点击图3-30所示②处，会进入"自助服务"界面，该界面的部分截图如图3-32所示。这里列举了很多常见问题的解决方案，如果Up主依然没有找到相应问题的解决方案，那么可以滚动界面，在下方的"联系客服"界面找到问题的所属类别，该界面的部分截图如图3-33所示。

自助服务

账号找回申诉	社区违规申诉	稿件申诉	手机换绑	游戏常见问题
大会员续费	账号注销	帮助中心	播放速度测试	反馈与建议

图3-32　"自助服务"界面的部分截图

联系客服

UP主服务			会员购		
稿件超时发布	投稿审核规范	创作功能使用咨询	订单问题咨询	物流问题咨询	商品质量问题
投稿活动相关	创作收益	创作工具相关	魔力赏&一番赏	票务问题	商品信息咨询
			活动问题咨询		
付费增值			社区互动		
大会员相关	装扮&课程	免流相关	互动违规反馈	动态&私信申诉	社区功能咨询
提现相关	哔哩哔哩工房		动态抽奖&话题	社区功能异常	

图3-33　"联系客服"界面的部分截图

在图3-33所示的界面点击与自己问题相近的提示后，即可进入"人工客服"界面，如图3-34所示。

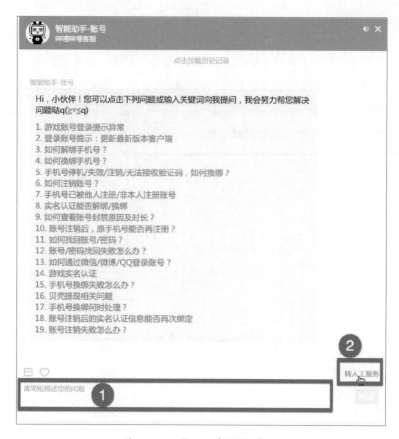

图3-34 "人工客服"界面

点开图3-34所示的对话框后，可以在①处输入问题，查询是否有解决方案。Up主如果想直接转人工服务，则可以点击②处的"转人工服务"按钮，就能直接与B站客服对话了。此时如果问询人数太多，则会有需要排队等待的提示，请Up主耐心等待。

第 4 章

常用的视频录制
设备

4.1 拍摄设备

选择正确且合适的拍摄设备，可以让Up主更顺利地完成视频素材拍摄。本节介绍Up主常用的一些拍摄设备，不涉及拍摄设备的具体品牌和产品型号，读者根据需求挑选和购买适合自己的拍摄设备即可。

4.1.1 手机

手机本身轻便、体积小，可以随身携带且便于拍摄，如图4-1所示。同时，手机摄影具有很强的纪实性和即时性，可以随时记录突发的灵感或瞬间，让摄影者全身心地进行视频创作。

图4-1 手机

目前，手机只要分辨率达到1080P且帧率达到30fps，就可以完成视频拍摄。从理论上来讲，帧率和分辨率越高，视频记录的信息就越丰富。

手机存储要至少达到64GB，才能存储大量的视频素材。从理论上来讲，存储空间越大，对拍摄越有帮助。

4.1.2 微单相机

微单相机是一种数码相机，"微"指的是体积小巧，"单"指的是可更换式单镜头，可用于人物Vlog和场景类的视频拍摄。微单相机如图4-2所示。

图4-2 微单相机

  微单相机在视频录制功能上进行了加强，在同等价位的数码相机和手机中，微单相机支持的视频规格普遍更高，可以录制更清晰的视频。

4.1.3 数码单反相机

  若Up主对视频的质感有更高的要求，那么数码单反相机对其来说是个不错的选择。数码单反相机有强大的录像功能和众多可替换的不同焦段的镜头，能拍出非常有质感的视频画面，而且其反应速度很快，能在短时间内完成对焦和拍摄。数码单反相机如图4-3所示。

图4-3 数码单反相机

  数码单反相机在价格方面普遍较高，Up主根据自身需求选购即可。

4.1.4 运动相机

运动相机通常配备了比手机更高质量的镜头和传感器，具有更加强大的自动对焦和防抖系统，能够在运动或手持等不稳定情况下，拍摄出清晰、稳定、有质感的视频。运动相机如图4-4所示。

图4-4 运动相机

运动相机体积小巧，便于携带和固定在各种位置，比如自行车车把、头盔、手臂等，可拍摄各种角度的视频。运动相机通常具备防水、防尘和防摔功能，能够在各种恶劣环境下使用。

所以，如果想制作户外运动等Vlog，那么可以尝试使用运动相机拍摄视频。

4.1.5 无人机

无人机可以飞到空中，从独特的视角拍摄视频，获得在地面无法拍摄到的视觉效果，比如上帝视角、高空盘旋等，给观众带来全新的视觉体验。在高山、山谷等环境下，使用无人机能拍摄到更加壮丽、震撼的视频。无人机如图4-5所示。

无人机在拍摄宏大景观方面具有突破空间限制、适应各种环境、高清晰度和稳定等特性，是非常不错的视频拍摄工具，但其价格往往不低。

图4-5　无人机

4.1.6　数码录像机

如果Up主有极高的拍摄需求，那么可以使用传统、复古、大型的数码录像机。数码录像机如图4-6所示。

图4-6　数码录像机

数码录像机在拍摄视频时能提供优秀的画质和便捷的操作体验，但也存在耗电量大、易受干扰、录音效果欠佳和存储容量有限等问题。Up主在选择使用数码录像机时，应根据自身的实际需求和预算做出最佳选择。不建议新手Up主使用数码录像机。

4.2 音频采集设备

要想制作优质的视频，除了需要采集视频图像，还需要采集音频，因此音频采集设备也非常重要。普通的相机在录音时底噪一般较大，所以我们在外接麦克风的时候，要记得把相机的音量尽量调小，把麦克风的音量尽量调大，这样采集的声音底噪就会小一些。

在录音前一定要把麦克风的位置调整好，最好在正式录制前先试录，特别是对于那些无法重新录制的内容。

在正式录制前可以人为制造一些声音比如掌声来作为提示音，方便在后续剪辑视频时通过特殊频谱的音频找到对应的位置。

4.2.1 手机自带的麦克风

很多Up主都会使用手机进行视频录制，默认通过手机自带的麦克风进行音频采集。手机自带的麦克风通常具有较小的底噪，这意味着它能够清晰地采集音频而不会产生太多的背景噪声，可以随时随地使用。一些高端手机具备一定的高声压技术，可以将人声从周围的环境噪声中提取出来并抑制周围的噪声。

手机自带的麦克风的性能在一定程度上取决于手机的性能，一些性能较差的手机可能无法提供理想的音频采集效果，通常带有杂音，虽然可以在后期去除杂音，但若想录制对音频有要求的视频，例如科普知识类的视频，那么过度降噪也会影响视频的质量。

将手机自带的麦克风作为日常生活中的音频采集设备是足够的，但是如果需要有更清晰的音频采集效果，那么可能需要使用外置麦克风、领夹麦克风或者机顶麦克风等。

4.2.2 可通话蓝牙耳机

可通话蓝牙耳机自带麦克风，还配备了噪声消除和环境音调整功能，可以在一定程度上减少周围噪声的干扰，提供更清晰的音频采集效果。

可通话蓝牙耳机如图4-7所示。

图4-7 可通话蓝牙耳机

可通话蓝牙耳机通常能较好地采集佩戴者的声音，但不太适合用于录制需要背景音的视频。

4.2.3 外置麦克风

外置麦克风指通过数据线连接计算机或手机后，放置在桌上或手持的麦克风。外置麦克风的优势主要体现在音频采集质量和声音表现上。外置麦克风如图4-8所示。

图4-8 外置麦克风

　　一些高端的外置麦克风，比如电容麦克风等，具有高敏感度和瞬时响应快的优点，能够捕捉到更多的声音细节和混响效果，提供更好的音质和清晰度。相比之下，普通的外置麦克风可能无法很好地采集环境音和人声，导致声音不清晰或者失真。

　　外置麦克风的降噪能力也是影响音频采集效果的重要因素。在拍摄视频时，如果环境噪声较大，那么使用具有降噪功能的外置麦克风可以有效地减少环境噪声的干扰，提高音频的纯净度。例如，一些专业的收音麦克风带有DSP降噪芯片，可以很好地滤除环境噪声，实现清晰收音。

　　此外，不同的外置麦克风有不同的收音范围和拾音角度，比如定向麦克风、全指向麦克风等。

4.2.4　有线领夹麦克风

　　有线领夹麦克风可被佩戴在我们的领口，如果不想让有线领夹麦克风出镜，那么可以用胶带将其贴在领口内侧。有线领夹麦克风如图4-9所示。

图4-9　有线领夹麦克风

　　虽然有线领夹麦克风通常是全指向的（对任何方向的收音灵敏度都一致），但是灵敏度不高，通常会配备降噪技术，以提高收音质量。由于该麦克风是有线的，所以会有缠线的可能，而且录音的距离会受线的长度限制，使用起来容易有束缚感，适合在位置相对固定的场景中使用。

4.2.5 无线领夹麦克风

无线领夹麦克风由发射器和接收器组成，收音的原理和有线领夹麦克风一致。无线领夹麦克风如图4-10所示。

图4-10 无线领夹麦克风

常见的无线信号有2.4G、VHF等，无障碍传输距离一般有几十米，如果觉得无线领夹麦克风采集的人声不够清晰，那么还可以外接有线领夹麦克风，这样就兼具了有线领夹麦克风和无线领夹麦克风的优点。

4.2.6 机顶麦克风

在常见的评测、探店视频中，如果主播没有露出麦克风，那么其基本上在使用机顶麦克风。机顶麦克风如图4-11所示。

图4-11 机顶麦克风

机顶麦克风有单一指向的特点，比如心形指向、超心形指向，因此对机顶麦克风的前方音频采集效果最好，对其他方向则音频采集效果减弱。这样能减少对周围杂音的收录，也给视频增加了代入感，不过当人与机顶麦克风达到一定的距离时，机顶麦克风采集到的人声比例就会降低很多，因此适合在拍摄距离不太远的场景中使用。

4.3　补光灯

补光灯对视频拍摄具有重要作用。由于视频拍摄需要突出拍摄主体，因此经常需要使用补光灯来优化拍摄效果。虽然补光灯不是日常视频录制过程中必不可少的设备，但如果Up主想要获得更优质的视频画质，那么补光灯是不可或缺的。不同的补光灯适用于不同的拍摄场景和需求，本节讲解常用的补光灯。

4.3.1　常亮补光灯

常亮补光灯是一种专业性较强的补光灯，通常需要搭配其他配件使用，比如柔光箱、雷达罩、影灯棚罩和柔光布等。它可以提供稳定、柔和的光线，适用于长时间的拍摄工作，比如拍摄广告、电影等。常亮补光灯如图4-12所示。

图4-12　常亮补光灯

常亮补光灯的价格较贵，我们可以通过多灯配合和配件搭配，实现各种专业拍摄效果。

4.3.2 便携式补光灯

便携式补光灯使用内置电池供电，具有体积小、重量轻、便于携带、价格适中等优点，可以随时随地使用，适用于一些临时性的拍摄工作，比如直播、Vlog等。它还具有亮度可调、色温可调等功能，可以满足不同场景中的拍摄需求。便携式补光灯如图4-13所示。

图4-13　便携式补光灯

对于需要经常拍摄夜景或外出拍摄的Up主来说，便携式补光灯是不错的选择。

4.3.3 美颜补光灯

美颜补光灯是一种专为直播而设计的补光灯，主要用于美化和均匀Up主面部的光线，还有瘦脸、滤镜等功能。美颜补光灯如图4-14所示。

图4-14　美颜补光灯

美颜补光灯通常采用环形灯管设计而成，可以调节色温和亮度，以满足不同环境和光线条件下的拍摄需求。

4.4　画面稳定设备

在拍摄固定机位、大场景或进行延时摄影时，拍摄支架和三脚架能够起到稳定画面的作用，并能够帮助Up主完成平稳的镜头推拉与升降操作。无论是业余摄影还是专业摄影，它们基本是必备的画面稳定设备。

4.4.1　手机三脚架

手机三脚架主要用于支撑和固定手机，以便完成自拍或者拍摄高质量的视频。它们通常具有小巧、轻便的特点，可以附加各种拍摄配件，例如自拍杆、蓝牙遥控器等。手机三脚架如图4-15所示。

图4-15　手机三脚架

落地式手机三脚架可自由伸缩，常用于直播、Vlog、测评等视频的拍摄，具有稳定性好、不易倾倒的特点。

八爪鱼式三脚架是一种变形三脚架，三条稳定腿可以缠绕窗框等位置起到固定作用。八爪鱼三脚架除了稳定，占地面积也小，还能随意变化形态，能实现独特的拍摄角度。

4.4.2　相机三脚架

相机三脚架通常具有高承重的特点，主要用于支撑和固定单反相机，以拍摄高质量的静态照片或视频，可以安装各种云台和拍摄角度调节装置。相机三脚架如图4-16所示。

图4-16　相机三脚架

碳纤维三脚架和铝合金三脚架是相机三脚架的两种主要类型。这两种三脚架都可以进行折叠收纳，并且自由调整云台角度。碳纤维材质的三脚架相较于铝合金材质更加轻便，适应性更强，并且防剐蹭、防腐蚀，携带负担小，韧性较好，非常适合在野外复杂的环境下使用，但价格相对较高。

4.4.3　手持稳定器

手持稳定器可用于支撑及稳定手机、相机设备，具有方便握持的特点，可以在水平和垂直方向上移动，在工作过程中能够过滤掉大部分运动时产生的抖动，提供稳定和流畅的画质。手持稳定器如图4-17所示。

图4-17　手持稳定器

手持稳定器主要分为手机稳定器和相机稳定器两大类。

- 手机稳定器是连接手机使用的稳定设备，灵活性较好，适合拍摄街头风景、运动画面等动态画面。在拍摄初期，Up主可以考虑购买手机稳定器，其价格较低，可以直接搭配智能手机使用，体型小巧、轻便。我们即使长时间使用它，也不会感到有太大的负重感。

- 相机稳定器是连接相机使用的稳定设备，往往都不便宜，通常用于拍摄视频。对于小型手持相机，摄影师可以通过背带或轮廓框架将其固定在自己的身体上。某些型号的相机稳定器，其相机支架位于摄影师向身前伸出的手臂上，相机下方是手柄；另一种变体则是将相机放在支点的支架上，靠在摄影师的胸部或腹部。

4.4.4 滑轨

滑轨通常用于拍摄产品、美食、公司宣传片、定格动画等。专业摄影师在拍摄视频时常常会用到滑轨。滑轨如图4-18所示。

图4-18 滑轨

粉丝量大的很多数码类Up主都会在介绍某些数码产品时使用滑轨，以实现移动展示产品的效果，或者通过滑轨拍摄一些延时摄影作品作为视频的过渡。

4.5 其他配件

本节简单讲解拍摄视频时常用的其他配件。

（1）外接存储设备。

- 存储卡：用于扩展相机的存储容量，例如SD卡或CF卡。

- 移动硬盘：用于备份和存储大量的视频素材。

（2）镜头附件。

- 滤镜：例如偏振镜、中性密度滤镜等，用于改善画面效果和控制光线。

- 镜头遮光罩：用于防止光线直射镜头，减少反射和光晕。

（3）配件支架。

- 快拆板：用于快速安装和拆卸相机和其他配件。

- L形支架：可提供更稳定的支撑，用于需要长时间拍摄或特殊角度拍摄的场景中。

（4）电源和电池。

- 备用电池：确保拍摄不会因为电池耗尽而中断。

- 外接电源：例如电池手柄或电源适配器，用于长时间的电源供应。

（5）音频设备。

- 话筒：例如Shotgun话筒，用于录制清晰的声音。

- 音频接收器：用于接收无线麦克风信号，可提供更好的音频录制效果。

（6）快门遥控器：用于远程控制相机的快门，方便自拍或维持拍摄时的稳定性。

（7）折叠式背景布：用于创造不同的拍摄背景，增强视觉效果。

（8）清洁工具：用于保持相机和镜头的清洁，例如镜头清洁笔、气球吸尘器等。

（9）防水壳或防水袋：用于在水下拍摄环境或其他恶劣拍摄环境下保护镜头。

第 5 章

必剪如此简单

5.1 必剪简介

necessary是B站推出的一款视频剪辑工具，主要面向B站用户，可兼容不同的客户端，在Windows、Android、iOS和macOS操作系统中皆可使用，如图5-1所示。读者根据自己的使用偏好，下载和安装必剪的相应版本即可。

图5-1 必剪支持的平台

5.2 熟悉必剪的主界面

在手机上打开必剪App，可以发现其主界面如图5-2所示，其下方区域的①～⑤处表示5个分区。

- ①处为"创作"分区，用于剪辑素材。

- ②处为"模板"分区，模板是已经完成剪辑的内容，用户在该分区只需添加素材，即可生成模板相应风格的视频。

- ③处为"素材"分区，在该分区有必剪官方提供的可用素材，涉及贴纸、视频片段、特效、音乐等。

- ④处为"学院"分区，在该分区会实时更新必剪最新的玩法和教程。

- ⑤处为"我的"分区，在该分区可以设置一些基础功能并查看导出记录。首次登录必剪会在该分区看到同步登录B站账号的提示，根据提示即可自行完成B站账号登录操作。在同步登录B站账号后，就可以直接通过必剪将剪辑后的视频发布到B站账号上。

　　点击图5-2所示的"开始创作"按钮，会进入"选择素材"界面，在"选择素材"界面选择要剪辑的一段或多段内容后，点击右下角的"下一步"按钮，即可进入"剪辑"界面，如图5-3所示。其中，①处为显示剪辑内容区域；②处为"剪辑操作"界面；③处为必剪提供的不同的剪辑功能。

图5-2　必剪的主界面

图5-3　"剪辑"界面

5.3 常用的剪辑功能

　　进入图5-3所示的"剪辑"界面，点击其中③处的小剪刀✂来分割素材。拖动素材，通过首尾两端的红色拉杆（在不同的版本中可能为白色）可以调节素材的长度，如图5-4所示，向内拉可以缩短素材，向外拉可以拉长素材，如果已经拉不动了，则说明已经达到素材的最大时长了。

图5-4　调节素材的长度

在图5-4所示的时间轴提示线下方还会出现功能键，如图5-5所示，从左到右依次为添加、左分割并删除、分割、右分割并删除、删除功能键。

图5-5　功能键

这5个功能键的具体功能如下。

- 添加：添加素材。

- 左分割并删除：保留指定的时间点向右的全部内容。

- 分割：在指定的时间点将视频分成两段。

- 右分割并删除：保留指定的时间点向左的全部内容。

- 删除：删除指定的素材。

这里举例解释分割、左分割并删除和右分割并删除的区别。假设A素材时长为10秒，如果在第3秒处分割A素材，A素材就会变成第0~3秒的片段B和第3~10秒的片段C。如果在第3秒处左分割并删除A素材，A素材就只剩下第3~10秒的片段C。如果在第3秒处右分割并删除A素材，A素材就只剩下第0~3秒的片段B。

在必剪主界面还有以下3个功能键，如图5-6所示，从左到右依次为左撤销、右撤销、放大窗口。

图5-6　功能键

这3个功能键的具体功能如下。

- 左撤销：恢复上一步的操作。比如若后悔删除了某素材，就可以通过该功能键恢复上一步的操作。

- 右撤销：恢复下一步的操作。

- 放大窗口：将图5-3所示①处的内容剪辑区域放大至全屏。

在导入了多段素材时，如果素材的顺序不对，就要调整素材的顺序。长按轨道内的素材，拖动该素材即可将其放在合适的位置，如图5-7所示。

图5-7　调整素材的顺序

完成素材加工后，点击右上角的"导出"按钮，就可以将加工好的素材导出，如图5-8所示。

图5-8 将加工好的素材导出

等待视频导出完成后，就可以填写一些信息等进行投稿了，"投稿"界面如图5-9所示。投稿后，在自己的B站账号上就能看到该视频。我们既可以将视频参加活动，也可以定时发布它，确认无误后，点击图5-9所示下方的"发布B站每日瓜分奖金"按钮即可。

图5-9 "投稿"界面

5.4 音乐和音效

音乐通常以背景音乐的形式出现在整个视频中，也可用在特定的场景或剪辑过程中。选择适合视频主题的音乐可以提升观众的观看体验，使视频更加生动、吸引人。

音效既可以是自然环境中的声音（如风声、雨声），也可以是人声、动物声、机械声等，通常用于突出视频中的某些元素，例如打斗场景中的拳击声、汽车追逐场景中的引擎声等，可以使视频看起来更加真实、生动，增强观众的沉浸感。

在"剪辑"界面点击音频图标，会进入"音频"界面，如图5-10所示。在该界面点击"添加音频"，会进入必剪的音乐库，其部分截图如图5-11所示。

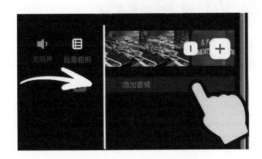 

图5-10 "音频"界面　　　　图5-11 必剪的音乐库的部分截图

图5-11所示①处的音乐库为必剪提供了免费的音乐素材，点击"导入音频"即可在视频中添加本地准备好的音乐素材；在②处可以通过输入歌曲名或歌手名来搜索相应的音乐；在③处展示了不同类型的音乐，可以通过手指滑动查看更多内容；在④处展示了近期的热门音乐，根据需要选择并使用即可。

选中要使用的音乐，点击"使用"按钮，如图5-12所示，即可将其添加到"剪辑"界面，如图5-13所示。

图5-12 使用音乐 图5-13 添加音乐

点击音频图标，会进入"音频"界面，点击"音效"，会进入音效库，其部分截图如图5-14所示。选择音效的方式与选择音乐的方式基本相同，这里不再赘述。

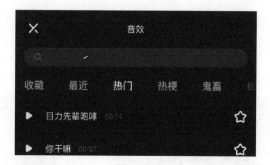

图5-14 音效库的部分截图

5.5 文字

在"剪辑"界面点击文字图标，会进入"文字"界面，如图5-15所示，其中有3个功能键，从左到右依次为添加字幕、识别字幕、识别录音。

图5-15 "文字"界面

这3个功能键的具体功能如下。

- 添加字幕：在视频的指定位置添加字幕。

- 识别字幕：自动识别并为视频添加中文字幕。该功能键简单、好用，点击它即可完成字幕添加，但请务必做好校对工作，防止添加的中文字幕与原意不符。

- 识别录音：自动识别并为素材添加中文字幕。

点击图5-15所示的"添加字幕"功能键，会进入"添加字幕"界面，如图5-16所示。首先，在图5-16所示①处输入要添加的字幕；然后，在②处选择自己喜欢的模板，或者自行通过"字体"或"样式"等功能进行设计；接下来，添加的字幕会出现在③处；最后，点击右侧的对勾图标，即可将字幕添加到素材的指定位置，并设置字幕的出现时长。我们可以根据需要进一步调整字幕的样式，比如字体大小、粗细、颜色、透明度等，使字幕更符合视频的风格和主题；还可以根据个人偏好为字幕添加动画效果，比如淡入淡出、滚动、缩放等，以增加视觉吸引力。

图5-16　"添加字幕"界面

必剪可以根据我们提供的字幕进行表情包配图。例如，在调整好字幕样式后添加"你牛吗"，如图5-17所示，点击下方的"表情包配图"图标便可进入"表情包配图"界面，如图5-18所示，这时可以根据需要添加合适的表情包到视频中。

图5-17 添加"你牛吗"

图5-18 "表情包配图"界面

5.6 画布

"画布"是可以调整视频画面的大小、比例和分辨率的工具，允许用户对视频画面进行裁剪、缩放、调整纵横比等操作，以适应不同的播放平台、屏幕大小和项目需求。

在"剪辑"界面点击画布图标█，会进入"画布"界面，如图5-19所示。

在某些情况下，用户可能需要改变视频画面的纵横比，以适应特定的屏幕或项目需求。在"画布"界面通常提供了一些预设的纵横比选项，比如16∶9、4∶3、1∶1等，也允许用户自定义纵横比。必剪提供了实时预览功能，用户可以实时预览调整后的视频画面效果。在确认视频画面调整满意后，点击右侧的对勾图标，就可以将此次修改应用到视频中。

如果我们需要调整视频画面的大小，则可以使用缩放功能。通过该功能可以拉伸或收缩画布的边缘或角落，使其适应不同的播放平台。

如果在调整画布大小后出现空白区域，则可以使用背景功能进行填充。

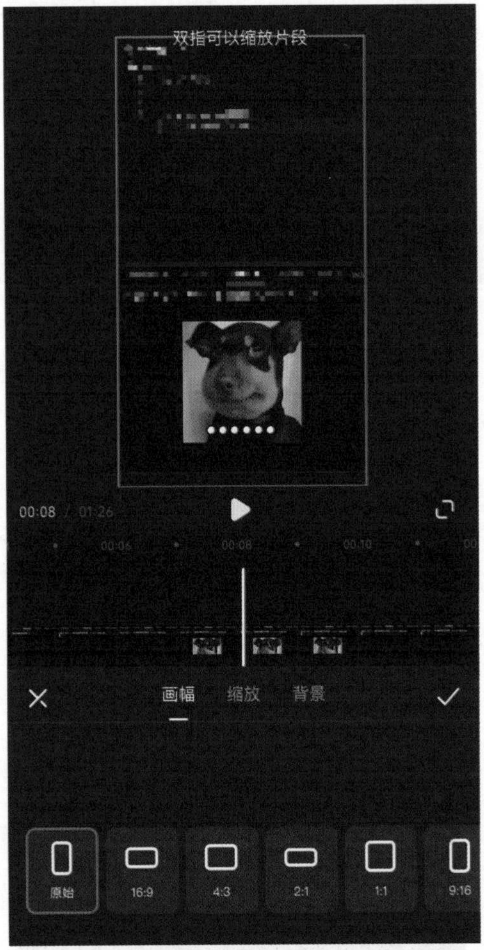

图5-19　"画布"界面

5.7　画中画

我们通过"画中画"功能可以将一个视频叠加在另一个视频之上，实现同时显示多个视频画面的效果，这通常用于同时展示主要内容和相关辅助内容、多角度拍摄、实时评论等场景中。

在"剪辑"界面点击画中画图标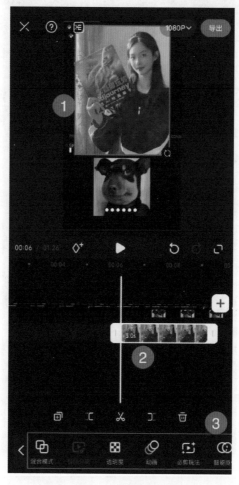，会进入"画中画"界面，如图5-20所示。在选择要添加的素材后，点击"+"按钮，便会回到"剪辑"界面。

图5-20　"画中画"界面

图5-20所示①处为添加到视频中的新素材，可以通过双指调整其出现在视频中的位置和画面大小；在②处可调整新素材出现在视频中的位置和时长；③处是画中画提供的功能，可根据需要调整已叠加素材的透明度，以便更好地同时显示主视频和叠加素材，确保观众清晰地看到两个视频画面，并理解它们之间的关系。也可以添加动画效果来控制已叠加素材的出现和消失，例如淡入淡出、缩放、移动等，这样可以增加画中画的视觉吸引力和流畅性。

5.8 添加贴纸

我们通过"贴纸"功能可以在视频中添加静态或动态的图像、图标、表情符号等元素，以增加趣味性，提供额外的信息或创造独特的视觉效果。

点击贴纸图标😃，会进入"贴纸"界面，在该界面点击"添加贴纸"，在选择要添加的贴纸素材（见图5-21）后，点击对勾图标，就会回到"剪辑"界面，如图5-22所示。

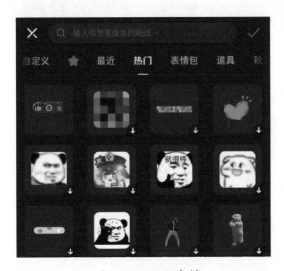

图5-21　贴纸素材　　　　　　　　图5-22　添加贴纸

首先在视频时间轴上选择一个特定的时间点将贴纸放置在视频画面中，接着可以对贴纸进行拖放、调整大小和旋转等操作，自由地调整贴纸的位置和形态。

5.9　添加一键三连

必剪作为B站为用户量身打造的视频剪辑工具，一键三连功能必不可少，详见6.6节。在视频剪辑区中添加了一键三连的专属按钮，只需点击该按钮，就可以在自己的视频中快速添加"一键三连"按钮，如图5-23所示，通过该按钮可以让视频得到更多的推荐。

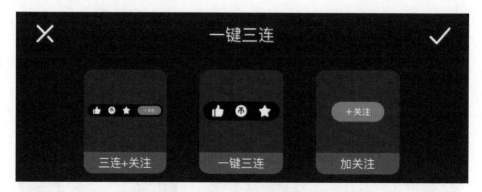

图5-23　一键三连

需要注意的是，添加"一键三连"按钮的视频必须在30秒以上且为横版视频，在一个视频中只能设置一个"一键三连"按钮。

5.10　更多的高级功能

在创作分区还有更多的高级功能，其入口如图5-24所示。

- 虚拟形象制作：通过制作虚拟形象，为视频添加动漫风格的特效和素材。

- 高清录屏：可以录制高质量的屏幕操作视频。

- 游戏高光识别：可以自动识别游戏中的精彩瞬间。

- 封面智能抠图：可以自动抠取视频中的封面图像。

- 视频模板：可以通过这里的多种视频模板，快速制作精美的视频。

- 封面模板：可以通过这里的多种封面模板，为视频添加专业的封面模板。

- 批量粗剪：可以快速剪辑大量素材。

- 录音提词：可以将录音内容转换为文字，方便后期编辑。

- 文本朗读：可以将文字内容转换为语音，为视频添加解说或配音。

- 语音转字幕：可以将语音转换为字幕，方便观众理解视频的内容。

- 蒙版：可以为视频添加遮罩，实现特殊的视觉效果。

图5-24　更多的高级功能

我们在B站搜索"拜托三连了！这绝对是全B站最用心（没有之一）的手机剪辑公开课程，必剪包教包会！"视频教程，可以学习更多的视频剪辑知识。

5.11　培养剪辑思维

前面讲解的都是剪辑的"术"，本节讲解剪辑的"道"，即剪辑思维。

图5-25～图5-28所示属于B站的镇站之宝系列，它们分别调动了观众对喜感、意难平、高燃、宏伟的情绪感知，其剪辑核心就是节奏和叙事，并通过剪辑让观众沉浸其中。

图5-25 系列截图1

图5-26 系列截图2

图5-27 系列截图3

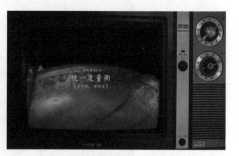

图5-28 系列截图4

"蒙太奇"最初只是建筑学用语，表示"拼接、合成"，在影视中则被引申为"通过不同镜头的组合，让各个镜头产生其独立存在时所不具备的特定含义"。

比如，当羊群被驱赶的镜头与工人进场的镜头拼接在一起时，人、动物与禁锢的隐喻也随之而出，这就达到了"1加1大于2"的效果，如图5-29所示。

图5-29 示意图

本节着重讲解"1加1大于2"中的"加",即如何让两段素材更好地拼接在一起,需要考虑两个因素:节奏和转场。

5.11.1　节奏

节奏一般是跌宕起伏的,在激昂前先舒缓,在高潮前先铺垫。如果只是在每个节奏点分割素材,那么人的大脑虽然会感觉到节奏感,但是节奏并没有停顿,人的大脑就会放松,难以沉浸在视频的氛围中。

那么,如何把握好节奏呢?这就要构思出故事的情绪起伏,并让观众也能感受到。首先明确故事的高潮与情绪点;然后用舒缓的节奏与镜头做铺垫,放慢节奏;接着在故事高潮来临之时,切换节奏与镜头的运用方式,比如急停、快切、激昂、反复,使之产生对比,让情绪有所起伏,如图5-30所示。

图5-30　把握节奏

总之,要放弃"纯线性叙事"和"死扣时间点"的思维。要明确情绪高潮,先用慢节奏做铺垫,然后快速切换节奏与镜头,形成对比。商业广告往往是这方面的典型案例。

5.11.2　转场

下面讲解5种常见且好用的转场。

1. 淡入淡出

淡入淡出指让镜头模糊进入或退出某一画面。图5-31所示体现了淡出的效果,视频画面越来越暗。淡入的效果则为视频画面越来越亮。

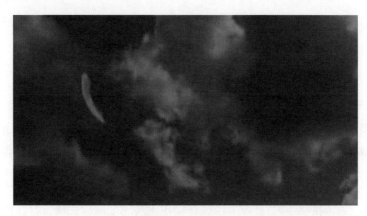

图5-31 淡出

2. 叠化

叠化指在上一镜头消失前，让下一个镜头叠加到上一个镜头之上。除了常见的场景叠化，事物的消失与人物的变化也能够通过叠化实现，如图5-32所示。我们在电影中看到的时间与年代更迭的很多镜头都是通过叠化实现的。

图5-32 叠化

3. 对比剪辑

对比剪辑指突然转场，让前后对比强烈，形成反差，如图5-33所示。对比剪辑适用于做悬疑惊悚类影片的节奏渲染。

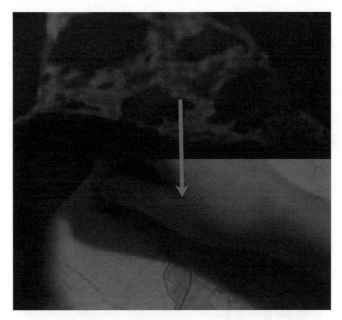

图5-33　对比剪辑

4. 虹膜转场

虹膜转场指通过圆形的转场聚焦把观众的视线都聚焦在一处，如图5-34所示。它源自相机早年间手动开关光孔时自带的一种效果，现已成为一种风格化的转场。

图5-34　虹膜转场

5. 隐藏转场

在隐藏转场中可以利用遮挡物进行镜头过渡，不同画面的转场时机可以被藏在镜头的推、拉、摇、甩等快速动作中进行场景衔接，如图5-35所示。如果Up主觉得拍摄"一镜到底"视频风格的拍摄难度较大，那么不妨尝试隐藏转场。一镜到底指在整个拍摄场景中只使用摄像机，不进行剪辑或镜头切换。在拍摄过程中，摄像机会持续运动或移动，以捕捉不同视角的镜头，展现连续的故事情节或动作。

图5-35　隐藏转场

第6章

粉丝运营秘籍

Up主若想进行推广和商务合作，就需要有一定的粉丝量，粉丝量越大，在商务谈判中可能获得的收益就会越高。因此，粉丝运营是非常重要的。

粉丝运营类似于闭合的电路：首先，我们希望吸引更多的人关注我们的账号，成为我们的新粉丝；然后，我们希望这些新粉丝能够积极刷弹幕、评论或定期观看我们的视频；接着，粉丝活跃起来后，可能有付费倾向，例如打赏或充电，成为老粉丝；最后，老粉丝能够帮助我们进行更大规模的推广，让更多的人了解我们的账号，并吸引更多的人关注我们的账号。

6.1 设置视频之间的跳转

在B站，每一个被审核后正式发布的视频，都有专属的BV号。在B站App端打开任意一个已发布的视频，都可以在其标题下方看到该视频的BV号，如图6-1中的矩形框所示。在B站App端长按该BV号，即可对其进行复制。

Python
1760.5万
30.7万
01:55
9人正在看
BV1xs411Q

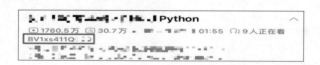

图6-1　B站App端的BV号

在B站网页端，BV号在浏览器地址栏“video/”和“/?”标识的中间，如图6-2所示。

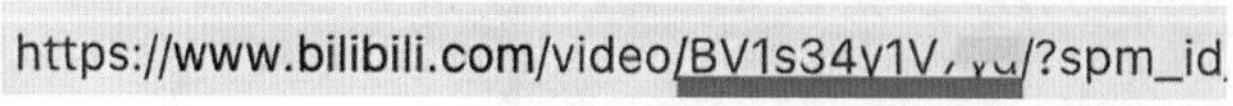
https://www.bilibili.com/video/BV1s34y1V
/?spm_id

图6-2　B站网页端的BV号

BV号可以在视频或者文稿中形成超链接进行跳转。对于视频稿件，可以在填写简介时在其中添加自己或其他Up主的视频的BV号，视频稿件被审核通过后，在简介中就可出现跳转链接，其部分截图如图6-3所示。B站App端的操作同理。在B站审核通过后，在该视频播放界面的简介区就能看到跳转样式，如图6-4所示。

| 简介 | 推荐：BV1c441▌ ▇ ▇ | | 推荐： BV1c441▇ ▇ |

图6-3　在简介中添加BV号的部分截图 　　　　图6-4　跳转样式

　　这种设置跳转的方式不仅适用于Up主自己视频之间的跳转，也适用于与其他Up主的视频之间的跳转，相较于只能添加自己的视频链接的互动引导组件，用法更多变。

　　通过视频之间的跳转，观众可以更方便地浏览和观看相关内容，减少寻找和筛选视频的时间成本，提升观看体验，还能帮助其发现和分享更多优质的内容，从而促进B站内容的传播和推广，增加内容的曝光率和影响力。

6.2　善用合集

　　合集可以帮助Up主把同一系列的视频整合在一起，观众可以在合集列表中选择观看同一合集中的其他视频。这样既可以分类整理视频，也可以及时了解同一系列的视频的更新状况，让同一系列的视频获得更多曝光机会。合集中的视频又被称为"稿件"。

　　合集样式的部分截图如图6-5所示。Up主在电磁力等级大于或等于Lv3且信用分大于或等于60分后，就会被自动开通合集功能。

欧拉计划 (23/23)　　　　　　　　自动连播 ⬤

7.0万播放 ◉ 简介　　　　　　　　　已订阅

题目20：算出100!的各位之和　　　　01:45

题目21：计算10000以下所有相亲数之和　　02:07

图6-5　合集样式的部分截图

使用合集时的注意事项如下。

- 合集的创建没有数量上限。

- 在一个合集中最多可以添加300个稿件，在选择稿件并将其添加至合集中时，一次最多可添加50个稿件。

- 合集不支持收录互动视频和分P稿件（详见6.3节），若存在联合投稿稿件的情况，则仅支持主创收录合集。

6.2.1 如何创建或删除合集

目前只能在B站网页端创建合集，暂不支持在B站App端创建合集。在浏览器中打开B站首页，进入右上角的创作中心，点击左侧导航栏的"内容管理"，选择"合集管理"，其部分截图如图6-6所示。

图6-6 创建合集的部分截图

点击"添加合集"，会进入"编辑合集"界面，如图6-7所示。

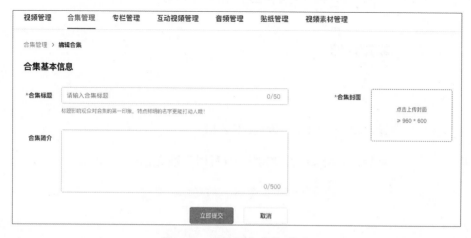

图6-7 "编辑合集"界面

Up主在该界面可根据想创建的合集依次输入合集标题、简介和封面，点击"立即提交"按钮，在B站审核无误后，即可完成合集的创建。

6.2.2 在合集中添加稿件

"合集管理"界面如图6-8所示。Up主既可以点击图6-8所示①处的"编辑"按钮，进入"合集编辑"界面添加已发布的稿件；也可以点击②处的"添加单集"按钮，进入"添加单集"界面添加已发布的稿件。

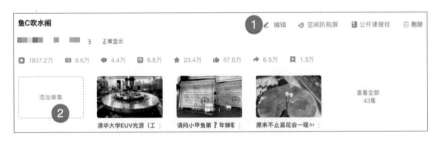

图6-8 "合集管理"界面

"添加单集"界面如图6-9所示，Up主可以在搜索框中搜索稿件及批量添加视频，也可以在矩形框中通过滚轮滑动鼠标查找并添加稿件，浅灰色字体表示无法添加，黑色字体表示可以正常添加。勾选要添加的稿件后，依次点击"下一步""完成"按钮，即可将稿件添加到合集中。在批量添加视频时，一次最多添加50个视频。

图6-9 "添加单集"界面

在视频上传完成后，在视频下方的"更多设置"中选择要加入的合集，如图6-10所示。

图6-10　加入合集

6.2.3　在合集中删除稿件和调整稿件的位置

如果需要删除合集内的稿件，则点击对应视频右侧的"删除"按钮进行删除操作即可，其部分截图如图6-11所示。删除操作只是将稿件从合集中移走，稿件不会被删除。点击图6-11所示的"编辑稿件"，会进入"稿件管理"界面，Up主根据需要修改视频的内容即可。

序号	单集标题	稿件标题	状态	操作			排序
1	关于学习💭障碍的思考 ✎	关于学习💭障碍的…	正常显示	编辑	编辑稿件	删除	⇕

图6-11　删除操作的部分截图

点击图6-11所示的"编辑"，会进入"编辑单集"界面，如图6-12所示。Up主可以根据需要修改合集内单集的标题，修改合集内单集的标题并不影响该稿件投稿时的标题。Up主还可以在图6-12所示的排序栏中输入排序数字来为单集指定排序，也可以通过图6-11所示最右侧的排序按钮来调整单集的顺序，将某单集调整到指定的位置后，其后的单集均会往后顺延一位。

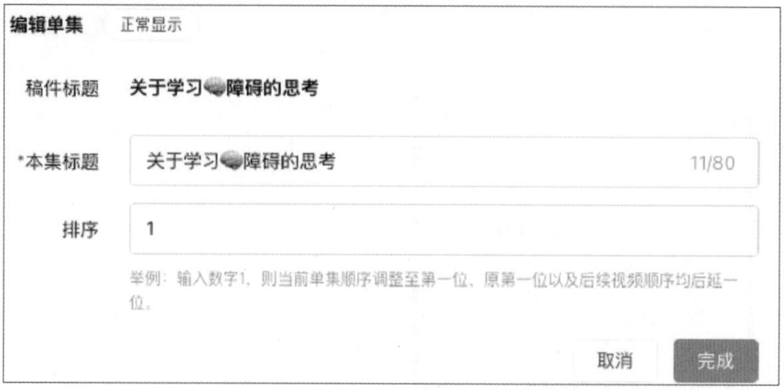

编辑单集　正常显示

稿件标题　**关于学习💭障碍的思考**

*本集标题　关于学习💭障碍的思考　　　　　　　11/80

排序　　　1

举例：输入数字1，则当前单集顺序调整至第一位、原第一位以及后续视频顺序均后延一位。

取消　　完成

图6-12　"编辑单集"界面

6.3 制作分P稿件

分P视频是B站的一种多集视频类型，但是其中的所有内容都属于同一个BV号，其部分截图如图6-13所示。分P视频通常适用于内容较长或者需要分段呈现的视频，通过将视频分成多个部分，Up主可以让观众更方便地观看和浏览，减少了观众寻找和筛选视频的时间成本。

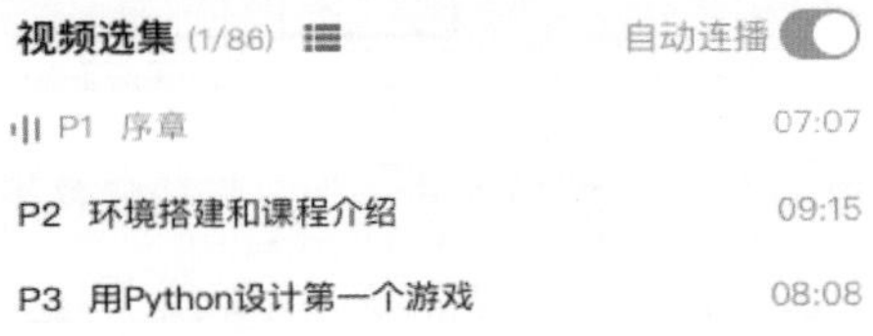

视频选集 (1/86) ▤　　　　　自动连播 ⬤

⫿⊨ P1 序章　　　　　　　　　　　07:07

P2 环境搭建和课程介绍　　　　　 09:15

P3 用Python设计第一个游戏　　　 08:08

图6-13　"分P视频"界面的部分截图

分P视频与合集在功能上具有相似性，目前B站主推合集，建议Up主对内容较长的视频优先考虑创建合集。

某视频一旦被创建为分P视频，就无法被加入合集。下面讲解两种设置分P视频的方式。

1. 在Windows操作系统中通过投稿工具设置分P视频

进入创作中心后，将鼠标光标移到创作中心右上角的下载按钮上，在弹出的菜单中点击"投稿工具"图标下载投稿工具。投稿工具的部分截图如图6-14所示。

图6-14　投稿工具的部分截图

投稿工具是B站为Up主提供的稿件管理工具，功能等同于创作中心。下载并安装投稿工具后，在投稿工具中登录自己的B站账号。"投稿工具"界面的部分截图如图6-15所示。

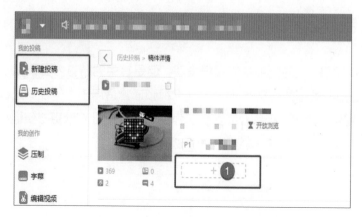

图6-15　"投稿工具"界面的部分截图

Up主使用投稿工具同时上传多个稿件，这些稿件就会自动以分P视频的形式发出。对于已发出的稿件，在"历史投稿"中找到后，可点击图6-15所示①处的"+"按钮，添加新的内容。经过审核且发布后，该视频就会变成分P视频。Up主之后就可以在B站网页端和App端按照添加视频的方式添加分P视频的其他内容，无须使用投稿工具。

注意：投稿工具仅适用于Windows操作系统。

2. 在任意操作系统的B站App中设置分P视频

这种设置方式只适用于已发布的视频。打开B站App，在其首页右侧先点击"我的"菜单，然后点击"稿件管理"，找到想做成分P视频的稿件。接着点击"编辑"按钮，进入"编辑"界面，在该界面选择"添加视频"，上传在本地准备好的稿件即可。待B站审核通过后，该稿件就会变为分P视频，Up主后续在B站网页端和App端都可以添加分P视频的其他内容。

6.4　再谈B站的视频推荐机制

B站的视频推荐机制其实就是从B站海量的内容池中选出与观众匹配度高的视频，并将其源源不断地推送到观众面前。

B站的视频推荐机制有以下两个特点。

（1）兴趣匹配：如果观众观看的视频类型与内容分类的匹配度高，就会认为观众对此类内容感兴趣。

（2）分批次推荐：首先将推荐的视频推送给一些可能感兴趣的目标观众，然后根据其观看数据调整或者进行下一次的推送。

视频推荐机制默认推送Up主的视频，如果在发出后几小时内点击率不高，评论量、转发量和点赞量都很少，就会默认此视频不适合被推送给更多观众，从而减少推送量；反之，如果视频的各项数据都很好，就会认定此视频为优质视频，适合被推送给更多观众，就会进一步增加该视频的推送量，此视频每次的新推送量都会以上一次的推送数据表现为依据。

基于这种灵活、弹性的视频推荐机制，Up主若想获得更多的推送量，就需要把视频的各项数据维持在一定水平。

6.5 互动性很强的5类弹幕

弹幕的本质是互动：观众通过观看视频中的弹幕可以跨越时间进行互动，产生参与感。Up主可以通过弹幕有效地营造热烈的氛围，提升观众的参与感。

有经验的Up主会结合视频的内容抛出话题性强的弹幕，引发观众的互动热情。比如，在旅游视频中出现一座壮丽的山脉时，Up主可以发布一个带身份标识的弹幕，比如"这个山脉有多壮观？快来说说你对它的印象"，这样可以引导观众分享自己对山脉的感受和体验，吸引更多的人参与讨论。

Up主若想发送带身份标识的弹幕，就要在B站网页端自己的视频中进行设置，如图6-16所示，将鼠标光标移到①处的"A"标识上，勾选②处的"带up主身份标识发送"，在③处就会出现Up主的头像，表示设置成功。

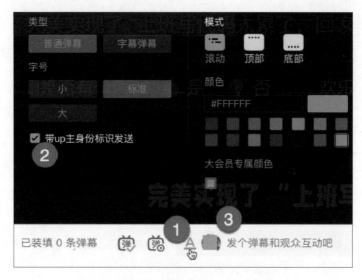

图6-16　发送带身份标识的弹幕

Up主可以通过以下5类弹幕话题引导观众的关注方向，提高观众发布弹幕互动的积极性。

（1）视频互动类：根据视频的内容抛出与之相关的话题，引导观众就视频中的情节、动作或细节进行讨论。例如，在一个烹饪视频中，Up主可以抛出"这个菜谱你会尝试吗？"的弹幕话题，吸引观众分享自己的想法或经验。

（2）观众反馈类：鼓励观众表达观点和建议，让他们参与到视频内容的创作和改进中来。例如，在一个科技解说视频中，Up主可以抛出"你们希望看到哪些主题的解说？"的弹幕话题，激发观众提供自己感兴趣的主题建议。

（3）有趣讨论类：提供有趣的弹幕话题，引导观众展开轻松、幽默的讨论，提升视频的娱乐性和互动性。例如，在一个搞笑视频中，Up主可以抛出"你们的笑点是什么？"的弹幕话题，激发观众分享自己的幽默观点和笑料。

（4）问答类：在弹幕中提出问题，吸引观众抢答，提升观众的参与感。例如，在一个问答视频中，Up主可以抛出"谁能看出这个视频是在哪里取的景？能看出来的都是大神！"的弹幕话题，激发观众回答问题。

（5）抽奖游戏类：通过提问、猜谜等方式给予观众奖品，以实实在在的奖励激发观众参与。例如，在一个游戏视频中，Up主可以抛出"听我描述，第一个猜出我接下来要说的数字的人将获得特别奖励！"的抽奖弹幕，提升观众的互动积极性。

6.6　引导观众一键三连

一键三连指观众在B站观看视频时长按点赞键，对视频进行点赞、投币和收藏，如图6-17所示。要想使用一键三连功能，就需要为视频添加互动引导组件，详见2.6.8节。

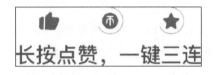

图6-17　一键三连

一键三连除了可以表达观众对作者的赞赏，也可以提升视频的权重，使视频得到更多的推广机会。

B站有这样的规定：对于原创视频，每人最多可以投两个币；对于转载的视频，每人最多可以投1个币。

在B站的推荐算法中，某视频被投币的数量越多，就意味着该视频的价值和潜力越大，其权重也会相应提升。这意味着该视频能得到更多的推广资源，例如在推荐、排行榜等界面展示的机会更多，观众的曝光率和点击率也会增加。

视频被点赞和收藏的数量越多，就意味着该视频的内容对观众越有价值，视频推荐机制自然会给予该视频更高的权重，将其推荐到更多观众眼前，助其成为爆款内容。

以下是4种引导观众一键三连的方法。

（1）创作优质的内容：需要提升视频的画面清晰度，保证视频流畅，逻辑完整。视频自身要有干货，能够切实满足观众的需求。

（2）创作独特的内容：新人Up主可以通过创作与众不同的视频来吸引粉丝的关注。例如，可以选择一些热门但竞争较少的领域，或者通过独特的创意和剪辑手法来呈现内容。注意：在内容创作中要保持个人特色，这样才能吸引更多粉丝的关注。

（3）多互动：积极与观众互动，回应观众的评论和弹幕，这样可以提升观众的互动积极性。在视频或直播中要提出问题，引导观众思考和回答问题。Up主还可以在标题或动态中添加一些话题性强的话术或者能激发观众转发行为的话术，例如"能看懂的都是精英"等。

（4）口播呼吁：Up主可以在视频或直播过程中呼吁观众支持自己的创作，鼓励他们投币。例如"创作视频不易，欢迎观众老爷们一键三连支持一下；如果您觉得视频内容很赞，则别忘了点赞并分享给您的朋友们"等；还可以通过社交媒体或其他渠道宣传自己的作品，吸引更多观众关注和投币。

6.7　定期投稿、风格一致

定期投稿对Up主来说非常重要。Up主可以选择每月、每周或每日进行投稿，但不建议较长时间才投稿一次，因为时间间隔越长，粉丝黏性就会越低，粉丝对账号的认知度也会减少。建议Up主选择每周或每日进行投稿。在创建新账号之前建议先储备一些素材，然后定期发布，这样可以在初期快速积累粉丝。

在进行投稿时，还要保持稿件风格的一致。Up主在起步阶段，应该尽量避免涉猎领域过广，尽量保持投稿风格的一致。例如，不要既做生活的Vlog，又做专业知识分享或游戏剪辑等。如果涉猎领域过广，那么可能会对视频推荐机制产生影响。同时，关注我们账号的人可能对我们的要求不一样，可能希望看到更多的与他们关注的领域相关的内容。如果真的想尝试不同的领域，那么可以考虑分账号投稿。

Up主在拥有一定的粉丝量（例如几万）后，可以尝试在不同的范围内做不同的内容主题，这样可以吸引更多新粉丝。因为同一个领域的粉丝量是有限的，在吸引某领域的粉丝达到一定量后，就可能需要开拓新的领域来吸引新粉丝。

6.8 联合投稿

联合投稿指多位Up主合作投稿一个视频或音频作品，该联合投稿作品会出现在所有创作者的视频界面。目前，只有发起联合投稿的Up主才会获得稿件数据（播放、评论、收藏等）和激励收益。以上信息可能会随着B站的更新而变化，建议在使用联合投稿功能时参考B站官方的相关公告和指南。

6.8.1 如何使用

Up主在电磁力等级达到Lv5后才能发起联合投稿，但是任意等级的Up主都可以作为参与者。

对于未发布的视频，可以在投稿时设置"联合投稿"；对于已发布的视频，Up主也可以发起联合投稿，二者的使用方式相同。在"视频编辑"界面的"更多设置"中有"联合投稿"功能，如图6-18所示。

图6-18　"联合投稿"功能

点击图6-18所示的"添加参与者"，会弹出"填写信息"界面，如图6-19所示。先点击①处勾选参与者的职能，然后点击②处输入参与者的用户名或者UID，在完成信息匹配后，点击③处的"确定"按钮，最后点击"立即投稿"即可完成联合投稿设置。

图6-19　"填写信息"界面

获得UID的方式如下。

（1）在B站网页端获得UID：在浏览器中打开B站，在首页登录Up主的账号，进入个人主页或个人空间，在网址的最后一段数字中即可找到UID，如图6-20所示。

space.bilibili.com/▪▌▪▌▼　40

图6-20　网址中的UID

（2）在B站App端获得UID：打开B站App，在首页登录Up主的账号，点击右下角的"我的"菜单，向下滑动界面，找到并点击"设置"按钮，会进入"设置"界面。在"设置"界面点击"账号资料"，在"账号资料"界面可以找到UID，其部分截图如图6-21所示。

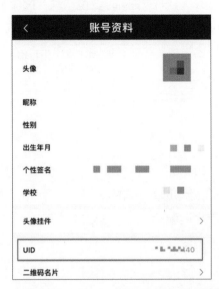

图6-21　在"账号资料"界面找到UID的部分截图

6.8.2 投稿规则

投稿规则如下。

- 联合投稿需要在投稿发出时间点前24小时设置，即有24小时的Cool Down（CD，可译为"冷却"）时间限制。例如，预计于12月28日20:00发出视频，就至少要在12月27日20:00前进行联合投稿申请。

- 联合投稿申请和视频审核是分开的，可能视频过审了，但参与者还没有收到联合投稿申请，此时只需等待视频审核通过即可。在参与者同意之前，稿件合作关系被视为不存在。

- 联合投稿发起者可以删除联合投稿参与者，但不可以添加人员或修改工种。只有电磁力等级达到Lv5以上且已经通过联合投稿公测的Up主才可以添加人员或修改工种。只有联合投稿发起者才可以修改联合投稿信息，创作激励等收益也只会累积到联合投稿发起者的账号上。

- 联合投稿参与者可以向联合投稿发起者发出撤销联合投稿申请，在联合投稿发起者同意该申请后，该联合投稿即可撤销。

- 使用"联合投稿"功能的稿件必须为自制视频。

- 联合投稿稿件不得携带未经平台认证的商业元素（账号性质、标题、稿件简介、视频内容等）。如有商业合作意向，则请咨询花火平台。

- Up主每自然月最多使用联合投稿发起合作6次。

- 在联合投稿时不得侵犯任何第三方的合法权益。

6.8.3 投稿技巧

在默认情况下，联合投稿的稿件会被设置为定时投稿，但可以在B站App端取消定时投稿。

如果联合投稿发起者想在一天内发布多个联合投稿稿件，那么可以尝试在另一个浏览器中投稿，以重新显示联合投稿的活动tag。如果不想加上活动

tag，那么可以在投稿时使用一个和该tag毫不相关的视频，在审核通过后删除活动tag。

6.9 从其他平台引流

Up主除了可以从B站内部引流，还可以从其他平台引流，例如微信、QQ、抖音、小红书等。

6.9.1 微信引流

Up主可以在B站的视频中插入微信公众号、个人号的推广信息，比如口播、字幕、弹幕等，引导观众关注或加入自己的微信群（以下简称"引流"）等。下面讲解在微信中引流的5种方式。

（1）朋友圈引流：Up主可以在朋友圈中转发B站视频，吸引朋友圈的关注，应尽可能选择精华及热门内容，以扩大传播效果。

（2）微信群引流：Up主可以在微信群中转发自己的B站视频，增加视频的曝光率。注意：在微信群中转发的时间应尽量与在B站上发布的时间同步，即在发布B站视频后马上将其分享到微信群中。Up主平时在微信群中要与粉丝多互动，建立良好的社交关系。

（3）公众号引流：Up主可以在公众号上定期发布带有B站视频链接的文章，将公众号粉丝引流到B站，以提高Up主的曝光率。

（4）视频号引流：Up主可以先在视频号中上传在B站上发布的视频，保持相同的标题和话题；然后利用视频号的社交功能，在评论区与视频号用户进行互动，引导想观看更多内容的视频号用户关注自己的B站账号。

（5）视频号直播：在视频号直播中可与观众实时互动，提供一些独家内容或精彩活动，引导观众前往B站进行更多互动，观看回放或完整视频。

6.9.2　QQ引流

下面讲解在QQ中引流的5种方式。

（1）签名引流：可以在QQ签名中添加B站账号的链接或二维码并进行创意设计，引导QQ好友关注自己的B站账号。

（2）头像和昵称引流：将QQ头像和昵称设置为B站账号相关信息，例如B站账号的头像或昵称，这样，与我们在QQ上聊天或浏览我们的QQ资料的人都能看到这些信息，可以增加B站账号的曝光率。

（3）空间引流：充分利用QQ空间作为引流渠道，发布B站视频或相关内容。应确保将QQ空间设置为所有人都可访问，这样就有更多的人看到相关内容。如果担心有垃圾评论，那么可以开启评论审核功能。

（4）群引流：先创建或加入与B站相关的QQ群，然后与群友互动，逐渐建立信任关系，之后在QQ群中发布B站视频就会更加自然、有效。

（5）兴趣部落引流：关注内容相关的QQ兴趣部落，发挥自己专业知识方面的优势，积极参与其中的讨论，并在评论中适当添加B站账号相关信息。

6.9.3　抖音引流

以下是5种在抖音中引流的方式。

（1）创作有吸引力的短视频：抖音是以短视频为主要内容的平台，我们可以创作B站相关的有趣、有特色的短视频，吸引抖音用户的注意力。也可以尝试制作一些预告片、花絮或精彩视频片段，在视频的评论区引导抖音用户前往B站观看完整的视频。

（2）添加B站链接或二维码：可以在抖音的视频评论区添加B站账号的链接或二维码，方便抖音用户快速跳转到B站观看更多内容。应确保链接或二维码清晰可见，并鼓励抖音用户主动点击或扫码。

（3）与抖音达人合作：可以与抖音上有一定影响力的达人合作，例如与抖音上的知名Up主或有大量粉丝的用户合作发布视频，共同推广B站账号和视频。这样可以借助合作伙伴的影响力，扩大B站视频在抖音平台上的曝光率。

（4）利用抖音直播：可以通过抖音直播与观众互动，提供一些独家内容或精彩活动，引导观众前往B站进行更多互动和观看更多内容。

（5）利用抖音上的热门挑战和话题：可以参与抖音上的热门挑战和话题，制作有创意和有趣的视频，将B站账号和视频巧妙地融入其中。这样可以借助其流量和关注度，吸引更多用户前往B站观看视频。

6.9.4 小红书引流

小红书以分享消费经验和生活经验为主，年轻女性占总用户量的85%以上。做美妆、生活分享或旅行类的Up主可以在小红书上引流。以下是在小红书上引流的5种方式。

（1）创作相关内容：在小红书上创作B站相关的内容，例如B站上的视频剪辑、游戏攻略、二次元文化等。应确保内容有趣、有价值，并能吸引到小红书用户的关注。

（2）添加B站链接：在小红书的文章评论区添加B站账号的链接，方便小红书用户快速跳转到B站观看更多内容。

（3）利用话题标签：在小红书上关注B站相关的热门话题标签，发布这些话题相关的内容，并在文章中引导读者前往B站观看更多相关内容。这样可以借助热门话题的流量，吸引更多用户跳转到B站。

（4）与小红书达人合作：寻找在小红书上有一定影响力的达人进行合作，例如与小红书上的知名博主或有大量粉丝的用户进行合作。可以共同制作一些合作视频或合作文章，引导小红书用户前往B站观看更多内容。

（5）适当增加B站水印：应尽量在小红书上发布的图片或视频中的靠后位置添加B站的水印，以增加B站账号的曝光率。当有其他用户浏览我们的内容时，能够看到B站账号的标识，并有机会前往B站观看更多内容。

6.10 获得收益的其他方式

B站从最初的小众二次元内容分享网站，已逐渐成为拥有众多不同年龄段观众的综合性视频网站，Up主在B站获得收益的方式变得多种多样。在3.5节已经讲解了Up主获得收益的一些方式，本节补充另外5种方式。

6.10.1 签约合作

B站是通过邀请机制与Up主签约的，要想成为B站签约Up主，就要满足以下3个条件。

（1）在某一领域拥有知名度。

（2）具备较为强大的IP影响力。

（3）拥有足够多的粉丝。

6.10.2 课程合作

Up主在接受B站的邀约后可以与B站官方合作，在"创作中心"界面发布付费课程，引导用户付费购买课程，其部分截图如图6-22所示。

图6-22 B站付费课程的部分截图

6.10.3 出版合作

优质Up主创作的某一领域的内容可能具有独特的商业价值，这时，优质Up主可以与各大出版社合作，将自己的内容整理成书并出版、发行，并利用自身的粉丝基础，对自己出版的图书进行预热和宣传。B站作为一个年轻化的平台，拥有活跃的用户社区和独特的粉丝文化，这些都为Up主出版图书提供了有力的支持。

6.10.4　线下合作

B站还为Up主提供了与粉丝进行线下互动的很多机会和平台，可以让Up主展示自己的才华和个人特色，拓展发展空间。拥有超高人气的Up主可以受邀参与一些商业活动，或者依托自身的粉丝基础进行线下演出或活动。B站提供的商业活动举例如下。

- Bilibili World：简称"BW"，是B站举办的大型线下活动，旨在为Up主和粉丝提供面对面的互动机会。在BW上，Up主可以参与签售会、粉丝见面会、主题演讲等活动，不仅可以促进Up主与粉丝之间的互动，还可以扩大Up主的影响力。

- Bilibili Macro Link：是B站每年都会举办的音乐盛典和综合娱乐活动，吸引了众多知名Up主和艺人的参与，他们可以通过音乐演出、舞台表演、相声等与观众近距离互动，提升自己的知名度。

除了B站自身提供的活动，其他品牌或院校等也会根据自身的活动要求，与符合要求的Up主进行商务合作。

6.10.5　直播打赏

在B站，观众可以通过两种方式打赏主播：金瓜子和银瓜子。

- 银瓜子：是B站官方赠送的虚拟货币，可以用来购买小礼物对主播打赏，但是并不会给主播带来实际收益，只能增加其人气和排名。我们可以每天登录B站领取硬币来兑换银瓜子。对于普通会员，每个硬币可以兑换450个银瓜子；对于大会员，每个硬币可以兑换500个银瓜子。我们也可以将银瓜子兑换成硬币，但兑换比例是700个银瓜子兑换一个硬币，相当于亏损了250个银瓜子。我们每天都可以在B站免费领取银瓜子，逐渐积累银瓜子。

- 金瓜子：需要用人民币充值才能获得，兑换比例为6000：6，即一元人民币可以兑换1000个金瓜子，最低起充金额为6元。在金瓜子礼物中，最便宜的是吃瓜，只需100个金瓜子就可以购买，相当于一毛钱；最贵的礼物是小电视飞船，需要124.5万个金瓜子才能购买，折合成人民币约为1245元。

主播在收到金瓜子礼物后可以将其折算为收益，但收益并非全部归主播所有，还需要缴纳税款并抽成给B站。有独立劳务关系的主播，需要缴纳20%～40%的劳务报酬税款。

对于B站签约主播，在收益中将扣除最低3%到最高45%的税款。在扣除税款后，主播和B站平分所剩的收益。

注意：以上比例和规则仅为示例，实际情况可能会有所不同。具体的税率和抽成可能因地区和合同的类型而有所变化，请Up主以自己的数据为准。

下面介绍直播中的3种打赏类型。

（1）充电打赏：Up主在直播中淋漓尽致地展露才华，观众通过打赏为Up主充电。

（2）礼物打赏：Up主在直播中与观众积极互动，能快速拉近自己和观众的距离，观众可以购买Up主直播间的"鲜花""眼镜""项链"等礼物打赏Up主。

（3）身份打赏：Up主若在直播中打造出极强的IP风格，在忠实的观众或者粉丝群体中就会拥有较大的影响力，观众就可能通过付费方式参与"大航海"，成为"舰长"。

第 7 章

直播那些事儿

7.1　开通直播间

Up主需要先进行实名认证，才能开通自己的专属直播间。无论是使用B站App端还是网页端，都需要下载直播工具"直播姬"才能进行直播。直播姬支持的平台如图7-1所示。

图7-1　直播姬支持的平台

接下来以B站网页端为例进行操作演示，主要讲解开通直播间的方式。

进入B站主页并完成登录，在首页的左上角点击"直播"标签，如图7-2所示，会进入"直播"界面。将鼠标光标移到该界面右上角的头像上，在下方出现的浮窗中点击"直播中心"标签，如图7-3所示。

图7-2　"直播"按钮

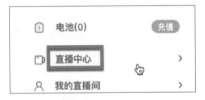

图7-3　点击"直播中心"按钮

之后会进入"直播中心"界面，点击该界面左侧导航栏中的"我的直播间"标签，在下方的选项中点击"开播设置"标签，其部分截图如图7-4所示。未开通过B站直播间的Up主可以在该界面看到"立即开通直播间"按钮，点击该按钮，根据B站的要求依次填入指定的信息即可申请开通直播间，其部分截图如图7-5所示。

图7-4　开通直播间的部分截图

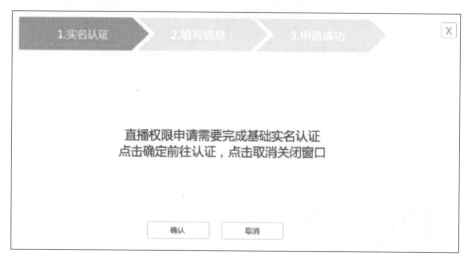

图7-5　申请开通直播间的部分截图

7.2　直播设备要求

为了给予观众优质的观看体验，Up主必须确保直播设备顺畅运作，以及直播画面流畅。使用较好的直播设备不仅能帮助Up主提升直播质量，还能有效避免在直播中出现技术问题。

7.2.1 计算机配置

接下来讲解对计算机进行最低配置、推荐配置和高级配置的要求，以确保直播稳定和流畅。更高的配置能够提供更好的性能和用户体验，请Up主根据自己的消费能力选择合适的配置，并确保操作系统和硬件至少满足最低配置的要求，以获得更好的直播效果。

1. 最低配置

CPU：英特尔酷睿i3 8100。

主板：B360以上。

内存：8GB以上。

显卡：独立显卡。

适配类型：唱歌、聊天。

2. 推荐配置

CPU：英特尔酷睿i5 8400 /AMD、锐龙Ryzen 5 2500x。

主板：Z370（英特尔）/B450（AMD）以上。

内存：16GB以上。

显卡：GTX1660 Super/RX580以上。

适配类型：唱歌、聊天、LOL、CSGO等。

3. 高级配置

CPU：英特尔酷睿i7 8700 / AMD、锐龙Ryzen 5 3600x。

主板：Z370（英特尔）/B450（AMD）以上。

内存：32GB以上。

显卡：RTX2080Ti、RX Vega 64。

适配游戏：唱歌、聊天、LOL、CSGO、只狼、APEX等。

7.2.2 移动端配置

下面讲解对移动端进行最低配置和推荐配置的要求，这些要求因平台和设备而异。

1. Android端

最低配置：Android 4.4以上版本，1.5GHzCPU频率，2GB内存。

推荐配置：Android 8.0以上版本，2.0GHz以上CPU频率，4GB以上内存。

2. iOS端

最低配置：iOS 10以上版本，iPhone 5s以上设备型号。

推荐配置：iOS 12.1以上版本，iPhone 7或者iPad（第5代）以上设备型号。

7.2.3 对网络环境的要求

建议Up主使用10MB的独享宽带，如果条件允许，则推荐使用20MB以上独享光纤宽带。Up主可以先在网页端搜索"测速"，了解自己的网络速度，然后根据测速所得到的上行速度，设置合适的码率。例如，对于150K/s的上行速度，推荐设置1000码率，以此类推。

7.2.4 麦克风

如果Up主需要与观众聊天互动或者唱歌，则建议其配置音效稍微好一些的麦克风，并在每次正式开播前进行声音调试，确保直播声音正常。

7.3　直播设置

直播姬的应用开发非常完善，Up主在直播姬中登录B站账号后，可以一键开启直播。Up主在刚开始直播时需要选择直播类型，这样不仅能获得精准的粉丝流量，还能增加自己的SAN值（详见7.6.2节）。直播姬的网页端相较于App端有更多玩法。直播姬网页端的主界面主要有图7-6所示的几大版块。

图7-6　直播姬网页端的主界面

Up主在开启直播前，除了需要慎重选择直播分区，还需要注意以下问题。

- 需要填写直播标题，标题长度限制在20个中文字符以内。

- 需要准确判断自己的直播内容，并选择正确的分区，否则会被锁区15天。

- Up主在等级达到1级后即可自定义封面，在达到20级后即可自定义直播间背景。

关于直播分区，详见7.4节。若有更多的直播设置需求，则请Up主结合自身的需要进行设置，遇到不会的操作，可以直接通过帮助中心获得指导。

7.4 直播分区

B站的直播分区十分丰富，其中，游戏直播方面的内容最为丰富，如图7-7所示。

图7-7　直播分区

要策划有特色的直播内容，Up主就必须对自己的直播分区有定位。

（1）分析自己的个性、才艺和专长，确定自己的优势，比如是擅长唱歌还是擅长跳舞，是擅长聊天还是擅长玩游戏等，并据此设计自己的直播风格和路线。

（2）针对自己的特长和喜好选择合适的内容。如果擅长唱歌，则可以根据自己的声音条件选择歌曲风格，并及时更新歌单；如果擅长跳舞，则可以选择自己最擅长的舞种；如果擅长聊天，则可以准备话题并关注时事等；如果擅长玩游戏，则可以选择自己最熟悉的游戏。

Up主可以根据自身优势进行直播定制和策划，设计有特点的直播内容。直播内容因人而异才能脱颖而出，更好地吸引目标观众。

7.4.1　唱见直播

唱见，又叫作"歌见"，最初指擅长唱歌的人，如今专门指将自己的歌唱表演视频投稿到视频网站的业余歌手。在唱见的直播间中，较高等级的观众可以点歌并欣赏唱见的歌曲。B站的唱见直播间通常不需要主播露脸，因此一部分唱见会事先设置好直播间的背景画面。

7.4.2　舞见直播

舞见指投稿自己原创或翻跳的舞蹈作品的舞者。在B站的舞见直播中，舞者通常在特定的时间直播跳舞，以吸引观众的注意力。而在其他时间，舞者会进行化妆、选衣服、与观众闲聊等活动。

7.4.3　聊天直播

聊天直播指主播与进入直播间的观众谈天说地，分享彼此的日常生活，让观众获得陪伴感。在聊天直播中，观众可以提供希望主播分享的话题，主播则会将正在谈论的话题显示在"直播"界面，以提升互动性和参与感。

7.4.4　游戏直播

在游戏直播中，主播通常以出色的游戏技术、高水平的游戏等级或令人惊叹的游戏操作为卖点，吸引观众的关注。在B站，游戏和电竞类主播数量庞大，每个主播都需要找到自己的特色，以在竞争激烈的环境下脱颖而出。

游戏主播可以通过展示自己的游戏技巧和经验，吸引观众对游戏内容的关注。他们可能在直播中展示高水平的游戏操作，分享游戏技巧和攻略，或者展示独特的游戏风格并且进行游戏解读。通过在直播中展示自己的专业知识和魅力，游戏主播可以吸引更多的观众，增加粉丝黏性。

对于游戏主播来说，找到自己的特色非常重要，比如精通某种游戏类型（射击游戏、角色扮演游戏或策略游戏等）；又比如精通某个特定游戏或其独特玩法。通过展示自己的专业领域，游戏主播能够吸引对该领域感兴趣的观众，与他们建立共鸣及增加互动。

7.4.5　学习直播

学习直播指主播监督观众学习或陪伴观众学习的直播形式。

进行学习直播的关键在于营造一个积极的学习氛围。观众进入直播间，期望获得一个安静、专注的学习环境，而主播的监督或陪伴可以帮助他们保持专注并提升学习效果。同时，观众可以通过直播间的互动功能，与主播和其他观众进行交流或分享学习心得，进一步提升学习的互动性和参与感。

7.4.6 观影直播

观影直播指电影相关内容的直播。在观影直播中，主播通过直播形式与观众分享电影评论、解读电影剧情、讨论电影文化等，以及进行电影推荐和观影。注意：一定不要播放带有版权的电影或者电视剧等影视作品，进行恶意播放会被直接扣SAN值甚至封号。

观影主播可以为观众提供丰富的电影资源和独特的观影体验。Up主可以组织电影放映活动，通过直播与观众分享电影的内容，让观众在直播间互动。观影主播还可以分享自己对电影的独到见解和评价，帮助观众更好地理解和欣赏电影作品。

这种形式的直播为电影爱好者提供了一个社区和平台，让他们能够与其他观众和主播共同分享对电影的喜好。观影直播丰富了B站直播分区的内容，为观众提供了多样化的娱乐选择，促进了电影文化的传播和交流。

7.4.7 知识直播

2020年成立的知识区为B站直播带来了新的运营主题，即"知识分享"。B站与知名学者展开合作，开辟了知识直播的全新领域，并对B站直播的生态环境进行了调整。

知识区的设立为B站直播带来了更多的关于学术知识、专业技能和学习分享的内容。通过与知名学者合作，B站直播提供了一个平台，让观众能够接触到高质量的知识分享，并与学者进行互动和交流。这一举措不仅丰富了B站直播分区的内容，也为知识传播和学习提供了新的途径。

7.4.8 带货直播

带货直播指主播在直播时向观众展示和介绍各种商品，以吸引观众购买商品。

带货主播通常会选择一定的领域或主题，例如美妆、时尚、家居、电子产品等，并且根据自身的专业知识和经验，向观众推荐具有性价比或独特优势的商品。他们会在直播中展示商品的外观、功能、使用方法等，并分享自己的使用心得和评价。同时，他们会提供购买链接或优惠码等购买渠道信息，方便观众直接进行购买。

带货直播在一定程度上增加了观众对商品的兴趣，因为观众往往会认为带货主播是有经验和专业知识的购物导购。带货主播的推荐和演示能够帮助观众更好地了解商品，从而产生购买欲望。此外，带货主播还会与观众互动，回答他们的问题，解决他们的疑虑，进一步增强观众的购买欲望。

7.5 直播技巧

经验丰富的主播经常会在直播开始时说"我们先来抽奖走一波吧"，尽管这只是一种简单的话术，仪式感却让人倍感振奋，甚至瞬间就可以点燃直播间中观众的热情。在每次直播时都设置抽奖环节，会让观众加深对主播的印象，期待下一次的直播。本节分享5种常用的直播技巧。

7.5.1 设计开场仪式

直播时的开场仪式能够迅速拉近Up主与观众之间的距离，同时让观众产生强烈的期待。3种常见的开场白类型如下。

1. 走心的开场白

在每次直播开始时，Up主都可以说出一句固定的话，经过多次重复，这句话会在用户心中产生强烈的仪式感，例如"大家好，我是xx，胖子的代言人""长夜漫漫，有了你，梦才变得美丽，我们又相聚了"等。

2. 一个或一组个性化动作

Up主巧妙设计的个性化动作也能给直播带来浓重的仪式感。例如，在每次直播开始时，Up主都可以做出一个独特的手势或者跳一段网红舞蹈等。

3. 特定的活动

在直播开始后，Up主可以说："我先和粉丝连个线"，这样的连线互动就会成为直播时的专属开场仪式，加深观众的记忆。

7.5.2 特色背景、道具、音乐和特效

特色背景指直播时的虚拟背景或实际背景。这些背景要与直播主题相符，可以增加直播的视觉吸引力和趣味性。特色背景能够营造独特的氛围和主播形象，让观众更容易与主播产生共鸣，并留下深刻的印象。

提前准备一些道具可以在直播中起到增加趣味和互动的作用。例如，在绘画直播中可以使用各种绘画工具和颜料，在游戏直播中可以使用游戏道具或人物模型等。道具的使用不仅可以吸引观众的注意力，还可以让观众更愿意参与到直播中。

音乐是直播时不可或缺的一部分，能够为观众带来愉悦的听觉体验。选择直播内容相关的背景音乐通常能够烘托氛围，使观众更容易沉浸在直播中，并加强与主播的情感连接。

直播姬提供了许多工具和特效，可以提升直播体验。例如，可以使用弹幕特效、礼物特效和场景特效等，增强观众的参与感。但要确保这些特效不会过于分散观众的注意力，而是增加直播的吸引力。

7.5.3　设计直播封面

直播封面是吸引观众进入直播间的第一要素，因此设计有吸引力的直播封面至关重要。

以下是直播封面的5个设计要点。

1. 简洁明了、清晰

封面应该简洁明了，突出主题，避免采用过于复杂或混乱的元素。在封面上应该添加简明扼要的文字，例如直播的主题、时间、特殊活动等，文字应该清晰、可读，并使用与背景相对应的颜色和字体。

清晰的封面设计可以让观众一眼就能理解直播的内容。要确保封面图像高清，避免模糊或像素化，这可以提升专业性和吸引力，给观众留下好的印象。

2. 鲜明的颜色

使用鲜明的颜色可以增加封面的视觉吸引力。要选择直播内容相关的颜色，并注意颜色的搭配，以确保整体效果统一。

3. 强调个人特色

封面设计应该突出主播的个人特色和风格，在封面中可以使用主播的照片或插画，以及代表其风格的图标或标志。这有助于建立主播的品牌形象，让观众更容易识别和记忆。

封面设计可以有一些创意和个性，展现主播的独特性和魅力。我们可以运用特殊的图案、排版方式或艺术元素，使封面更加吸引人和与众不同。

4. 一致性与连贯性

对于需要经常直播的主播来说，封面设计应该保持一致性和连贯性，以建立品牌形象并增加观众的辨识度。我们可以使用相似的配色方案、字体风格和图像风格，使封面有统一的外观。

5. 禁止出现的内容

禁止在封面中出现纯文字或过多文字。禁止使用含品牌Logo（商标）或广告的图片。禁止使用含涉政、违法、色情、低俗、暴力等不合规内容的图片。禁止盗用他人照片或网络直播截图。

7.5.4　良好的互动环节

主播不仅要在直播时调动现场氛围，还要多多与观众互动，让每位观众都能有参与感。这就要求主播必须掌握与观众互动的技巧。主播在具备强大的感染力时，能够吸引更多的观众，并有可能将他们转化为忠实的粉丝。下面分享4种常用的互动技巧。

1. 丰富的肢体和表情动作

许多主播在进行露脸直播时表情和动作显得僵硬，无法与观众产生共鸣。主播应该展现更丰富的表情和动作，例如剪刀手、比爱心等。在唱歌或聊天时，主播也可以适当增加一些灵动的手势和表情，增强感染力。这不仅能让观众感受到主播直播时的积极与热情，还能让他们更容易对主播产生亲近感。

2. 勇于让自己发声

在直播时，主播可以多谈谈自己，表达自己内心的想法，引起观众的共鸣。主播可以分享当天的所思所感，推荐自己喜爱的歌曲和电影，并注意公屏上用户的发言，结合个人体验及时回复。

3. 礼貌道谢必须有

许多主播都会向进入直播间或留言的观众表示感谢，使观众感到自己受到了尊重。同样，当有观众送出礼物时，无论数量和价格多少，主播都应向该观众表示感谢，并适当赞美。这可以让观众感受到主播的诚意，并愿意继续互动。

4. 关注每一位观众

B站是一个社区文化浓厚的平台，要求主播用心对待每一位观众，关心他们的言论，留意他们的动态。同时，主播不应偏袒新粉丝或老粉丝。平时，主播可以与老粉丝分享喜怒哀乐，增强情感连接。并且，主播在直播时应及时回应新粉丝和游客的反馈，让他们感受到主播的重视，从而成为忠实的粉丝。

5. 自我提升语言风格

B站作为年轻用户众多的平台，在不断推出新鲜的直播内容和方式。主播在勇于尝试新事物的同时，应坚持自己独特的风格。主播的互动语言应与自己的风格相符，彰显个人形象的独特性，这样才能赢得大部分粉丝的好感，让他们感到舒适而不觉得突兀。

7.5.5 举办主题活动

在直播间举办主题活动可以增加趣味性和用户黏性，吸引更多的观众参与。以下是帮助主播成功举办主题活动的7种方式。

1. 确定主题

主题可以是主播内容相关的特殊主题，例如节日庆祝、特定的游戏活动、有趣的挑战等。要确保主题与观众群体相符，这样才能激发他们的兴趣和参与度。

2. 活动规划和准备

指制定详细的活动规划和准备工作，确定活动的开始时间、持续时间和流程，考虑需要的道具、背景、音乐或特效等，并做好相应的准备。如果有奖品或礼物，则需要确保它们与活动主题匹配，并准备好发放给获胜者或参与者。

3. 提前宣传

指在活动开始前进行宣传，利用B站的弹幕、动态、推送等功能，提前告知观众，并且提供活动详情、参与方式和奖励等信息，以便观众做好参与的准备。

4. 提供活动回顾和总结

指在活动结束后要提供活动回顾和总结。可以制作精彩的活动回顾视频或动态，回顾活动的亮点和成果，并再次感谢参与的观众。这有助于让观众留下关于该活动的回忆，为未来举办主题活动打下观众基础。

5. 收集反馈和改进

在活动结束后，要收集观众的反馈，了解他们对活动的意见和想法，以及如何改进活动。观众的反馈对于Up主的成长和发展非常重要，所以Up主务必要认真对待观众的反馈。

7.6 直播玩法

B站提供了多样化的直播玩法，本节介绍7种核心玩法。

7.6.1 提升等级

在B站，不同等级的主播会获得不同的主播特权，等级越高，享有的特权就越多。除了签到，主播提升等级的主要方式是获得用户赠送的道具或礼物，主播获得用户赠送的道具或礼物，自己的经验值就会增加。每被投喂1块电池，主播便可获得100经验值；每被投喂1个银瓜子，主播便可获得1经验值；被年费用户观看直播5分钟，主播便可获得7500经验值；被月费观众用户观看直播5分钟，主播便可获得6000经验值。主播在经验值累积到相应的值后，便可以提升等级，享受相应的特权。

从网页端登录B站官网，将鼠标光标移到头像上，在弹出的界面先点击"推荐服务"标签，再点击"直播中心"标签，其部分截图如图7-8所示。

图7-8 先点击"推荐服务"标签，再点击"直播中心"标签

接着在展开的在"直播中心"界面点击"我的直播间"标签，在展开的界面点击"直播间信息"标签，其部分截图如图7-9所示。

图7-9 点击"我的直播间"标签，在展开的界面点击"直播间信息"标签

在图7-9所示的矩形框中显示了主播等级。主播等级与总经验值、升级所需经验值和周奖励的对应关系如表7-1所示。

表7-1 主播等级与总经验值、升级所需经验值和周奖励的对应关系

主播等级	总经验值	升级所需经验值	周奖励
1	100,000	100,000	
2	200,000	100,000	
3	300,000	100,000	
4	400,000	100,000	
5	500,000	100,000	无
6	600,000	100,000	
7	700,000	100,000	
8	800,000	100,000	
9	900,000	100,000	

续表

主播等级	总经验值	升级所需经验值	周奖励
10	1,000,000	100,000	辣条数×10，每周一零点重置
11	1,800,000	800,000	
12	2,600,000	800,000	
13	3,400,000	800,000	
14	4,200,000	800,000	
15	5,000,000	800,000	辣条数×20，每周一零点重置
16	6,000,000	1,000,000	
17	7,000,000	1,000,000	
18	8,000,000	1,000,000	
19	9,000,000	1,000,000	
20	10,000,000	1,000,000	辣条数×30，每周一零点重置
21	18,000,000	8,000,000	
22	26,000,000	8,000,000	
23	34,000,000	8,000,000	
24	42,000,000	8,000,000	
25	50,000,000	8,000,000	辣条数×50，每周一零点重置
26	60,000,000	10,000,000	
27	70,000,000	10,000,000	
28	80,000,000	10,000,000	
29	90,000,000	10,000,000	
30	100,000,000	10,000,000	辣条数×75，每周一零点重置
31	110,000,000	10,000,000	
32	120,000,000	10,000,000	
33	130,000,000	10,000,000	
34	140,000,000	10,000,000	
35	150,000,000	10,000,000	辣条数×100，每周一零点重置
36	180,000,000	30,000,000	
37	210,000,000	30,000,000	
38	240,000,000	30,000,000	
39	270,000,000	30,000,000	

续表

主播等级	总经验值	升级所需经验值	周奖励
40	300,000,000	30,000,000	辣条数×150，每周一零点重置
41	340,000,000	40,000,000	
42	380,000,000	40,000,000	
43	420,000,000	40,000,000	
44	460,000,000	40,000,000	
45	500,000,000	40,000,000	辣条数×200，每周一零点重置
46	550,000,000	50,000,000	
47	600,000,000	50,000,000	
48	700,000,000	100,000,000	
49	800,000,000	100,000,000	
50	1,000,000,000	200,000,000	辣条数×300，每周一零点重置
51	1,200,000,000	200,000,000	
52	1,400,000,000	200,000,000	
53	1,600,000,000	200,000,000	
54	1,800,000,000	200,000,000	
55	2,000,000,000	200,000,000	奖励待定
56	2,200,000,000	200,000,000	
57	2,400,000,000	200,000,000	
58	2,600,000,000	200,000,000	
59	2,800,000,000	200,000,000	
60	3,000,000,000	200,000,000	

等级图标如图7-10所示。读者的等级图标以进入直播间时"信息"界面所显示的等级图标为准，图7-10所示只作为参考。

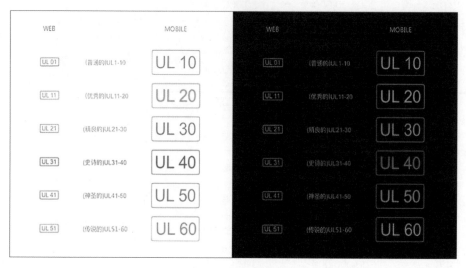

图7-10 等级图标

7.6.2 保护SAN值

B站为了规范主播的直播行为，设计了SAN值，它是一种直播积分。通过SAN值，B站能够规范主播的直播内容，营造更好的直播环境。

SAN值总计12分，适用于B站的所有主播。当主播违反某项规定时，B站便会扣除其相应的SAN值。如果主播的SAN值过低，那么该主播将会失去上热门和首页推荐的资格。如果主播在短时间内频繁违规，则会导致SAN值降低为0分，B站会对其账号进行封禁，封禁期为30个工作日，到期后自动解封。如果主播在直播时出现特别严重的违规行为，则其将被扣除全部的SAN值，并且被永久封禁。

因此，主播在直播时需要维持良好的SAN值，以增加自身上热门和获得首页推荐的机会。为了达到这一目标，主播需要严格遵守B站的规则，避免因违规行为而被扣SAN值。

SAN值处罚表如表7-2所示。

表7-2　SAN值处罚表

类目	描述	处罚
分区错误	直播内容不符合分区要求	扣3分，锁区15天
人气异常	直播间涉嫌刷人气	扣3分
版权内容	盗播或播放无版权的内容	扣3分
引战行为	对个人或群体进行嘲讽、侮辱或者诽谤，以及挑拨他人产生矛盾，骚扰、侵害他人的合法权益	扣3分
不雅行为	在直播时出现抽烟、喝酒等不雅行为	扣3分
被提醒禁播	被管理员提醒有禁播的内容	扣3分
道具异常	直播间涉嫌刷活动道具或银瓜子道具	扣3分，扣除道具积分并进入推荐位黑名单3天
道德风尚	在直播时言行过激，传播负面情绪，出现有违道德底线的表演	扣6分
低俗内容	直播内容低俗，例如着装暴露、语言或动作不雅；直播血腥、暴力、恶心等不健康的内容；对其他Up主和用户进行语言和文字方面的谩骂攻击	扣12分

7.6.3　粉丝勋章

　　粉丝勋章能够被粉丝佩戴，是主播和粉丝关系极佳的证明，是其亲密度的具体体现。粉丝佩戴粉丝勋章后，便可以在主播的直播聊天室、直播排行榜、视频评论区展示粉丝勋章，如图7-11所示。图7-11所示矩形框中的"FishC 11"即粉丝佩戴的其所关注Up主的粉丝勋章。

图7-11　粉丝勋章示例

Up主开通粉丝勋章的条件是粉丝量大于1000且有投稿视频，以B站App为例，开通步骤如下。

（1）登录B站App端，进入"我的"界面，点击"创作中心"标签后进入"创作中心"界面，点击"粉丝管理"标签，在"粉丝管理"界面点击"粉丝勋章"标签，弹出的"粉丝勋章"界面如图7-12所示。

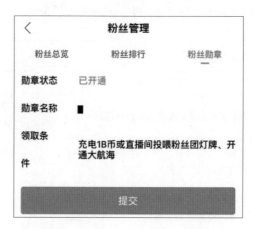

图7-12 "粉丝勋章"界面

（2）接下来在图7-12所示的"勋章名称"栏输入勋章的名称即可。在填写勋章名称时要注意如下事项。

- 避免包含色情、政治等违禁信息（含谐音字）。

- 避免使用头衔、职位、职能等特定称谓。

- 不能是纯数字。

- 避免使用B站官方特定产品的名称。

7.6.4 组建舰队

主播可以在直播间拥有自己的"舰队"，舰队船票当前共计三种：总督、提督和舰长。

观众在拥有舰队船票后，便会随之获得以下4大特权。

- 图标：舰队船员拥有房间专属唯一标识、进房间弹幕特效公告、房间内专属身份展示位的特权。

- 弹幕：舰队船员拥有专享房间内的紫色弹幕、发送顶部弹幕（仅限总督）、将弹幕长度发送上限提升到40字（仅限总督和提督）的特权。

- 爱意：舰队船员拥有亲密度上限翻倍、粉丝专属礼包、加速升级粉丝勋章、购买即返银瓜子的特权。

- 评论：舰队船员不受房主以外的禁言影响，并且发言时昵称的颜色与众不同，拥有聊天气泡的特权。

7.6.5 设置预告

Up主提早进行直播预热也是很有必要的，常见的三种预告方式如下。

1. 动态预告

动态直接与直播区相连，是观众了解直播信息的最佳途径，许多观众在点进直播间后，会习惯性地查看界面下方的主播动态。动态有发布、转发、评论、点赞等功能，是主播面向粉丝的重要窗口。因此，主播可利用自己的动态进行直播预热。

2. 社交平台预告

我们平时会用QQ、微信等平台进行沟通或工作，用微博、豆瓣等平台了解时事及发表看法，把很多闲暇时间贡献给了各种社交软件。许多B站主播也抓住了这一点，在微博、微信等社交平台上进行直播预热。

3. 主播公告

主播可以在直播间发布主播公告，已填写的主播公告将被展示在该直播间的"主播"界面。许多主播会在直播快结束时进行下次直播的预告，并传达对当前直播间观众的期待与感谢。这样做是为了提醒当前直播间的观众观看下次直播，此时这些观众中的一些人不一定是主播的粉丝，可能留待下次直播时再做观望。在直播间发出预告后，应注意发布对应的动态，让其他粉丝得以跟进。

7.6.6 设置轮播功能

Up主在设置轮播功能后，被Up主选定的视频将会以轮播的形式进行直播。轮播功能的设置步骤如下。

（1）从网页端登录B站官网，将鼠标光标移到头像上，在弹出的界面点击"推荐服务区"标签，再点击"直播中心"标签，如图7-8所示。

（2）在"直播中心"界面点击"我的直播间"标签，在弹出的界面点击"轮播设置"标签，其部分截图如图7-13所示。

图7-13 轮播设置的部分截图

（3）保持和图7-13所示一样的设置，先点击"轮播列表"标签，再根据需要添加已发布的视频后，之后点击"提交"按钮即可完成轮播设置。

7.6.7　直播PK

在B站的直播PK（对决）中，两位主播可以通过直播平台进行实时对战，吸引观众关注和参与。PK的过程通常是两位主播同时进行直播，他们会在特定的时间段内进行PK，比如回答问题、表演才艺、玩游戏等。观众可以通过观看直播、发送弹幕和投票等方式来支持自己喜欢的主播。最终，根据观众的投票结果或其他评判标准，决定PK的结果。

B站直播PK的特点是互动性强，观众可以通过弹幕和投票等方式参与到PK过程中，为自己支持的主播加油助威。PK也是一种娱乐形式，可以增加直播的趣味性和观看的互动性。

以下是在直播PK时要注意的事项。

1. 准备耳机

戴上耳机可以避免设备公放时对面主播的声音被录入麦克风中形成回音。

2. 提前准备PK题目或惩罚项目

主播若想提高直播质量，就不应该只临场发挥，或者总是直播同样的内容，一定要提前准备PK题目或惩罚项目。例如，PK题目或惩罚项目可以是"讲一个笑话""演一段琼瑶戏""唱一首关于猫的歌或日文歌或擅长的歌或鬼畜的歌""讲一个故事"等，并且适时更新。

3. 不要滥用PK逃跑权限

如果主播经常被匹配到同一位主播，并且不打算与对方PK，就可以大大方方提出要使用逃跑权限，并征得对方理解。如果对方有设备问题，严重影响效果，则可在征得对方同意或无法征得对方同意的前提下使用逃跑权限。如果对方主播对PK这件事儿严重不上心，实在带不起节奏，那就可以直接使用逃跑权限。注意：滥用逃跑权限会影响主播在粉丝心中的"印象分"，认为主播"玩不起"，进而脱粉取关。

4. 相互尊重

主播在PK过程中既要尊重对方，也要注意细节。主播一般习惯于做好自己的直播内容，照顾好自己的观众。但一旦按下PK键，主播就多了两个要考虑的对象：对面的主播和观众。对面的主播和观众可能首次与我们互动，面对这种情况，我们可以将平时的即时礼物答谢改为稍后集中答谢，或者通过手势来表达感谢，起码要表达"我已经注意到了"的意思。如果我们只与自己的观众互动，忽略了对面的主播和观众，则可能会让其感到不适。当然，在直播时很难让所有人都满意，我们只要做到态度端正并且尽力解决问题即可。

第 8 章

高手会遇到的事儿

Up主在拥有一定的粉丝量后，会面临更具挑战性的问题。此时Up主会发现方向性的决策比每一期的具体视频制作更为重要。就像在战略性对战中，决策的影响力超过了具体的战术。因此，对于Up主来说，早日洞察账号的未来变化趋势至关重要。此外，熟悉一些套路也是必要的，但请记住：技巧只能为视频增色添彩，优质的内容才是最重要的。

8.1 全职还是兼职

很多Up主在起步阶段都会面临一个选择：是做全职Up主还是做兼职Up主？在做出选择之前，Up主需要考虑方方面面的因素。下面讲解一些关键因素。

8.1.1 实力检验

Up主在起步阶段一般利用业余时间发布视频，在该阶段可以观察粉丝量和播放量的增长情况，以此衡量自己是选择做全职Up主还是做兼职Up主。例如，每月至少发布10条优质视频，粉丝量和播放量都有一定幅度的增长（粉丝量每月平均增长5000，播放量每月平均增长10万），这就说明Up主的内容受到B站观众的认可，可以考虑做全职Up主；小于或远小于这个数量的Up主最好仍以兼职为主。

8.1.2 经验积累

新人Up主制作分区视频的经验难以与资深Up主相比。Up主如果刚起步，那么可能需要更多的时间来学习和打磨视频，这时选择做兼职Up主更为合适。在积累经验和提升能力后，Up主在未来就能做出更好的选择。

8.1.3 收入指标

稳定的账号收益能够抵消生活上的刚性支出，这意味着Up主在选择做全职Up主还是兼职Up主时可以有更多的选择。因此，Up主的账号收益是一个重要的参考指标。如果Up主的账号收益相对稳定，可以抵消自己生活上的刚性支出，就可以考虑成为全职Up主。

8.1.4 注意行业形势

全职Up主需要更好地判断行业形势及其对自己内容的影响，避免决策错误从而影响自己账号的发展。建议新人Up主从做兼职Up主开始，逐渐积累经验，待条件成熟后再转为全职Up主。有实力和进行有效运营是取得B站账号成功的关键所在。只有经过实力检验，有稳定的收益且对行业形势有深入的了解，才能做出明智的选择，转为全职Up主。

8.2 爆款视频背后的痛点

不管Up主身处B站的哪个分区，近期又流行哪些内容，其爆款视频背后都有痛点。痛点在这里指的是观众在日常生活中遇到的困难、问题或痛苦的点，是观众迫切希望解决的问题或改进之处。本节分享4个用于创作爆款视频的常见痛点。

8.2.1 鼓励观众变得更积极

消极情绪与积极情绪相对，它的出现与个人、事件和时间相关。例如，受到他人的嘲笑或讽刺可能导致消极情绪出现。因此，Up主发布能够帮助观众改变消极情绪的视频，能够吸引观众关注。

例如，在视频中讲述一个引人入胜的故事，可以将观众与视频中的情节和主角建立情感连接，让他们在情感上与视频的内容产生共鸣，从而激发积极情绪。在视频的结尾可以提供一种解决方案或行动呼吁，帮助观众应对消极情绪并进行积极改变，这可以是鼓励他们寻求支持、改变思维方式或采取积极行动的建议。

8.2.2　让观众克服自卑心理

在生活中，人人都可能有不同程度的自卑心理，对自己缺乏正确的认知，在生活中不自信，常常思虑过多、缺乏主见，一旦犯错就认为自己不够优秀。但是，自卑心理可以通过调整认知、增强自信心并提供支持来消除。换句话说，如果Up主能制作出改变用户自卑心理的视频，那么用户肯定会关注该Up主。

例如，分享成功故事或案例甚至是Up主自己的故事，让观众看到他人克服自卑心理并取得成功的经历，这可以激励观众相信自己也能够克服困难并取得进步。Up主还可以激励观众采取积极的行动来克服自卑心理，例如设定目标、挑战自己、尝试新的事物等；并鼓励观众在生活中积极实践所学到的技巧和策略。视频整体的配乐、视觉效果和剧情，要能营造出温暖的氛围，让观众感受到Up主对他们的关怀和支持。

8.2.3　突出观众的独一无二

在互联网时代，很多社交平台上的用户都希望成为"独一无二"的存在，希望身处舞台的中央。

Up主可以在视频中突出观众的与众不同，赞美观众的成就或品位，并鼓励观众分享和展示视频相关的内容，例如在社交媒体上转发、评论或上传照片，这样可以满足观众通过与他人分享来获得的自我认同心理。Up主也可以考虑让视频整体的视觉效果、音乐和剧情独一无二，展示高品质的环境、时尚服装或令人赞叹的体验，引发观众的认可。

8.2.4　考虑安排抽奖

Up主可以在视频的收尾环节中安排抽奖，推出独家折扣、限时特价或优惠码，让观众获得实打实的福利，这可以激发观众一键三连。Up主还可以在视频中展示其他观众的购买热评或社交分享，引导自己的观众加入其中。

8.3 账号的生命周期

这里所说的生命周期指的是Up主在发展过程中经历的不同时期。不管选择在B站的哪个分区深耕，Up主都会经历以下4个时期。

8.3.1 起步期

Up主在这个时期需要考虑投入多少资源和时间来发展账号，应着重建立自己的IP形象。

如果Up主所在的B站分区是"蓝海"（竞争较少，充满机会），就需要Up主更快地更新内容去抢占市场份额，吸引粉丝的注意力。如果Up主所在的B站分区是"红海"（竞争激烈，机会较少），就需要Up主做的视频比市场平均水平更优质，吸引同类型Up主的粉丝的注意力。

但无论是在"蓝海"分区还是在"红海"分区，在这个时期都基本没有收益，并且要投入大量时间去准备和打磨视频。

8.3.2 成长期

在粉丝量逐渐增加时，Up主会进入快速涨粉期，这时需要考虑如何持续提供优质的内容来吸引观众。尽管这个时期不是收益最多的时期，但是如果有大牌合作方邀请Up主进行商务合作，则可以考虑。对于小品牌或植入式的广告，建议不接，因为这会导致粉丝量增长速度变慢甚至掉粉。

8.3.3 成熟期

在粉丝量达到一定规模后，Up主的账号便会有一定的知名度，哪怕不更新动态，依旧有热度，接一些小品牌或植入式的广告依旧不影响粉丝的喜爱。在这个时期，Up主通常会有稳定且高价格的商单，可能涨粉速度没有成长期那么快，但收益一定是最多的。

商单的边际成本相对于收益来说可以忽略不计。边际成本指增加或减少一个单位产量所需的额外成本，是微观经济学中的重要概念，用于衡量生产或消费决策对总成本的影响。例如，1000粉丝量的商单合作可能是500元，而10万粉丝量的商单合作可能是50000元，20万粉丝量的商单合作可能是60000元。

但Up主在达到成熟期且挣钱的同时，也面临着粉丝要求不断提高的问题。在粉丝量超过100万后，Up主可以明显感受到粉丝要求的提高，视频也需要越来越精良。这一时期的Up主可以考虑建立账号矩阵，将多个账号组合在一起，形成一个整体，从而获得更多的商单和收益。

8.3.4　衰退期

互联网平台上的任何账号都会面临粉丝流失和观众审美疲劳的问题。Up主在成熟期流量较高时发布的内容，在这一阶段可能无人问津，热度呈断崖式下跌。

这一时期的Up主需要考虑转型或者战略性放弃，寻找新的领域或者方式来发展。

B站主页的背景色目前仍是"用爱发电"，请Up主务必把心态放好，不要把目光局限在收益上，这样才能有更长远的发展。

总之，Up主账号的生命周期是动态的，Up主需要根据不同时期的特点和环境变化来做出相应的调整和决策，但都要保证视频的优质，也要明确自己的目标和价值观，及时调整自己的发展方向。

8.4　分发也是个技术活

在粉丝量达到一定程度后，Up主一定会在私信中看到类似"我是**平台，邀请您加入我们的平台，有推流和激励"的内容。此时，Up主要慎重考虑是否在新的平台上进行视频分发。以下是3点建议。

8.4.1　面对主流平台的邀请

一些主流平台，例如抖音、小红书，可能会主动邀请Up主在其平台上发布视频，这时Up主可以考虑对方的流量激励政策和商业合作条件，并询问能否提供现金奖励或小礼物等激励措施。

8.4.2　主动分发

一些非主流平台也可能会私信邀请Up主在其平台上发布视频，这时Up主可以主动分发，要求非主流平台进行流量扶持和推广。毕竟分发的平台越多，就越可以增加Up主的曝光量和影响力。Up主可以根据平台的特点并结合自身的内容定位，选择合适的平台进行主动分发。

8.4.3　考虑成本和收益

分发视频是有成本的，不仅仅是简单地进行复制和粘贴，比如将一个视频分发到10个平台甚至可能占用Up主一整天的时间。

若还要考虑针对不同的平台进行稿件优化，那成本就更高了。例如，在抖音上分发视频时，Up主可能得把一条时长10分钟的长视频拆成3条时长不等的短视频，不仅要将横版16∶9改成竖版9∶16，对内容素材也要进行相应的优化；在西瓜视频上分发视频时，需要删除原视频中的所有B站元素，这意味着要做两个版本的视频，光导出和渲染就要花一些时间。

同时，并不是所有的分发都能带来收益，有些平台可能没有影响力或者不能直接让Up主有所收益。

总之，分发视频需要考虑平台的特点、流量激励政策、商业合作条件、成本和收益等因素，要根据我们的内容定位和发展目标来选择合适的视频分发策略，以提高曝光度和影响力，并实现更好的视频分发效果。

8.5 是否组建团队

在粉丝量增长到一定阶段后，Up主势必会面临是否组建团队的选择，其直接原因是面对写脚本、拍摄、剪辑、发布、运营、商务等这一系列工作量，一个人肯定忙不过来，尤其是运营和商务方面的工作。关于是否组建团队，有以下4点参考。

1. 能力和资源

如果Up主的能力和资源有限，难以独自完成所有工作，那么组建团队可能是好的选择，因为团队成员可以共同分担Up主的工作，提供不同的专业知识和技能，从而提高Up主的工作效率。

2. 发展需求

如果Up主之后有更多的内容创作、运营和推广等需求，那么组建团队可以帮助其更好地应对这些需求，因为团队成员可以专注于不同的领域，共同推动Up主账号的发展。

3. 目标和定位

如果Up主希望自己的账号能够有更大规模的发展，并且有明确的商业化目标和定位，那么组建团队可以提供更多的资源和支持，帮助Up主实现目标和定位。

4. 风险和成本

团队的管理和协调可能会增加一定的工作量和成本，对团队成员的选择和管理也需要一定的时间和精力投入。

如果Up主需要更多的支持和专业知识来推动账号的发展，同时能够承担管理团队的风险和成本，那么组建团队是不错的选择。

8.6 打造账号矩阵

通过打造账号矩阵，Up主可以将观众按照不同的维度进行细分，例如地域、年龄、兴趣爱好等。这样可以帮助Up主深入了解自己的目标观众，并制定针对不同细分群体的内容策略和推广计划。账号矩阵通常适合Up主在账号发展到成熟期和衰退期时考虑。

8.6.1 做账号矩阵前的考虑

在做账号矩阵前要考虑以下5个问题。

1. 管理的复杂性

账号矩阵涉及对多个账号的运营和管理，需要投入更多的时间和精力来协调各个账号之间的内容、发布时间等。如果账号矩阵过于庞大，则可能会增加管理的复杂性。

2. 内容的一致性

账号矩阵中的不同账号可能有不同的内容定位和受众群体，需要确保各个账号的内容风格和品质保持一致，以维护用户的认可度和忠诚度。

3. 资源分配

对账号矩阵中的不同账号可能需要投入不同的资源，包括时间、人力、财力等。Up主需要合理分配资源，确保每个账号都能得到适当的支持和发展。

4. 品牌形象

账号矩阵中的不同账号都代表不同的品牌形象，需要确保各个账号的形象和价值观整体一致，以维护品牌的统一性和稳定性。

5. 商业合作

账号矩阵中的不同账号可能会接受不同的商业合作，Up主需要谨慎选择合作伙伴，确保合作内容与账号矩阵的定位和受众群体相符，以免对账号矩阵的形象和用户体验造成负面影响。

总之，做账号矩阵需要综合考虑各个方面的因素，并制定合适的策略和管理措施，以确保账号矩阵中的不同账号都能得到良性发展。

8.6.2　做账号矩阵的好处

账号矩阵就像游戏里的小号，Up主因为有运营大号的经验，所以运营小号更得心应手。此外，一个100万粉丝的账号可能不如10个10万粉丝的账号收益更多。

假设Up主拥有一个100万粉丝的账号和一个50万粉丝的账号，100万粉丝的账号接一个商单报价50万，50万粉丝的账号接一个商单报价10万，两个账号后台都有私信找来要进行商单合作，那这两个商单在成本上有区别吗？

区别其实不大，因为Up主可能都是用3天写脚本，用两天完成剪辑，周期在5天左右。按B站科技区的成本来计算，大约是2000～6000元。既然成本都是2000～6000元，那么50万元的收益划算，10万元的收益也划算。毕竟大号可能很长时间都接不到一个商单，小号却可以。此外，如果单价太低，用大号做反而会脱粉，此时就可以由小号完成这个商单。

8.6.3　互推的注意事项

请Up主考虑好以下3件事再考虑进行账号矩阵互推。

1. 视频的特点

相互推广的账号在视频特点上应该保持一致或相似，才能达到最佳推广效果，并顺利实现粉丝互换，提升彼此品牌的影响力。例如，游戏区的视频可以与影视区的视频互推，因为两者都具有娱乐性。在游戏区可以制作热门影视相关的游戏解说或攻略视频,引导观众在游戏中体验影视剧的情节或角色。在影视区可以在介绍热门影视作品时提及相关的游戏,例如影视剧主题相关的游戏,吸引观众在欣赏影视作品时进一步体验相关的游戏。

2. 粉丝画像重合

大号和小号之间的粉丝属性或内容重合度应较高,这样才能实现账号间互推的最佳效果。例如,对于健身大号和健康饮食小号,大号的目标用户是追求身体健康和锻炼的人群,健康饮食小号的目标用户是注重饮食和营养的人群,这两个账号可以互相推荐,因为它们的目标观众有一定的重合度,而且内容相关性高。

3. 体量

如果小号是新建立的,那么在粉丝量较少的情况下,参与互推可能不会带来预期的效果,甚至可能导致粉丝流失。在进行互推之前,建议先专注于建立小号稳定的粉丝基础。例如,提供有价值、有吸引力的内容,通过积极互动和参与社群等方式来吸引粉丝的加入。当小号拥有一定数量的忠实粉丝基础时,互推的效果才会更为明显。在小号有内容发布后,对于有热度的作品,大号可以适当地进行转发和推广。

8.6.4 互推的演示

假设Up主有一个Vlog旅行类大号和美食类小号,他在大号上制作了一期名为"**地方最奇特的美食挑战!敢来一起尝试吗?"的旅行类视频。这个视频的标题很有吸引力,可以引起观众的好奇心,让他们想进一步了解该视频的内容。在该视频中,Up主尝试了一些非常奇特或者有挑战性的**地方美食,展示了他的勇气和独特的品位。在视频下方,Up主特别标明了"若想观看更多的关于本期视频美食的解说,请看小号",并提供了跳转链接。这个有趣和引人入胜的视频将引导对美食感兴趣的观众去小号那里观看更多美食视频,吸引观众关注小号。

互推视频一定要结合有趣的标题、吸引人的内容和明确的账号标识，才能激发观众的兴趣和好奇心，促使他们主动关注和探索更多相关的内容。

8.7 考虑做竖版视频

虽然B站中的大部视频依然是16：9比例的横版视频，但从2021年开始，B站推出了Story Mode（故事模式）竖版视频。为了更好地提高广告效率，提供给直播和广告等业务更多新的商业机会，B站开始力推短视频。为了吸引更多新创作者加入，B站自然会给出一部分流量到短视频中。

在这种大背景下，Up主应该审时度势，适当做一些竖版内容，毕竟在相同推荐算法机制下，竖版视频的完播率一定会高于横板中长视频，也意味着更大的流量。

B站火出圈的原因之一就是视频质量高。如果没有高质量的视频，就无法有高播放量，所以即便Up主考虑做竖版视频，也请务必保证视频质量的水准。视频时长可以缩短，但在准备和打磨上一定要花更多的时间和精力。

8.8 热门视频选题

本节介绍一些热门视频选题，涵盖了不同的分区和热点，Up主可以根据自己的专长和兴趣选择适合的内容进行创作。记住，热门视频选题应该与目标受众的兴趣和需求相匹配，同时展示Up主的独特创意和风格，以吸引更多的粉丝。热门视频选题的关键词如表8-1所示。

表8-1 热门视频选题的关键词

宝藏	平民	平价	幸福感	答应我	后悔	沉浸式	我真的爱	吹爆	神器
封神	独处	真香	家人们	万能	大数据	远离	人生开挂	YYDS	绝绝子
我宣布	烟火气	被问	安利	打卡	快看我	远离	欣赏	合集	独居
少女	氛围感	日记	充实	摆脱焦虑	忙碌	宅家	故事	等待	值得
生活碎片	一人食	掉秤	自学	甜品	芋泥	年货清单	食谱	上班族	必买
宿舍党	平替	低糖	低卡	无糖	速食	预制菜	吃货	轻食	聚餐
零脂	限定	晚餐	不长肉	糯唧唧	免煮	减脂	家庭版	我妈说	没骗人
早餐	午餐	晚餐	消夜	下午茶	别停产	碳水	必囤	便宜	便当
天花板	毫不犹豫	零卡	跪求	美味	方便	馋嘴	料理	馋哭了	招牌
配方	显白	妆前妆后	仿妆	学生党	拯救	平价	斩男	小众	底妆
防晒	遮瑕	卡粉	甜美	新手	氛围感	黄黑皮	腮红	卧蚕	裸妆
伪素颜	测评	保姆级	元气	成分表	冷白皮	抗初老	干油皮	混油皮	熬夜党
逆袭	补水	保湿	定妆	毛孔	暗沉	白菜价	去黑头	去角质	去痘印
彩妆	婴儿	孕期	奶瓶	玩具	辅食	新手爸妈	育儿	遛娃	早教
新生儿	护理	喂养	养护	奶粉	纸尿裤	待产	安全	断奶	安全椅
成长	奶瓶	亲子装	带娃出行	家庭	母婴大件	清单	益智	人工	人类幼崽
全职妈妈	年龄差	幼儿园	童装	营养	当妈后才知道	懒人神器	超实用	厨房自用	少女
家居好物	中国风	卧室	精致	实用不踩雷	瓶瓶罐罐	省钱指南	极简主义	闭眼入	便携
改造	杯子	玄关	装修记录	二手房	轻奢风	旧小区改造	简约北欧风	时尚感	空间利用
收纳	简历	软乎乎	办公室	打工人	职场法则	面试	内耗	躺平	领导
技能	话术	技巧	决策	白领	晋升	复盘	同龄人	生存	工作

续表

能力	加班	月薪	干货	求职	行业揭秘	提效	同事	整顿职场	00后
创新	颠覆	科技	预测	人工智能	AI	大数据	科普	解析	科技知识

下面介绍36个热门视频选题。

8.8.1　职场打工类

我是如何快速适应新环境的。

我的打工养生秘籍分享。

职场小白如何快速融入团队。

如何在工作中提高效率。

我在职场中如何化解职场危机。

如何通过工作获得机会和成长。

8.8.2　日常生活类

跟我一起逛街买买买。

我的单身生活如何过得有趣、充实。

打卡美食店，吃遍城市美食。

如何利用烹饪技巧享受美味晚餐。

00后独居女生的治愈方式。

带你探索不一样的旅行方式。

8.8.3 美食分享类

这家餐厅的菜品让人大呼过瘾。

学做千层蛋糕，有手就行。

五分钟做出超美味的煎蛋三明治。

尝遍全城美食后，我爱上了这家店。

试吃十大品牌巧克力，看看谁最值得入手。

家庭版麻辣香锅让你大呼过瘾。

8.8.4 健身减脂类

我的减脂日记分享。

如何减脂让你吃得健康又美味。

如何保持健康的饮食习惯。

如何找到适合自己的减脂方式。

手把手教你学会制定运动计划。

养生小常识帮你保持身体健康。

8.8.5 美妆护肤类

底妆薄如隐形，不掉妆持久美丽。

轻松get到唇色搭配技巧。

如何使用面膜才能让肌肤焕发青春光彩。

让你轻松get到超自然精致眼妆。

日常妆容，让你自然又美丽。

修容教学，瞬间拥有立体五官。

8.8.6　技能教学类

成为厨艺大师，烹饪的技巧和方法。

手把手教你使用软件剪辑。

拍摄视频技巧，拍出更好的作品。

新手如何选购合适的摄影器。

让你成为语言达人的技巧。

手把手教你进行视频色彩调整。

8.9　黄金发布时间

黄金发布时间指用户活跃度高、阅读兴趣高、行动概率大的时间，比如通勤、午休、睡前等，不同的账号类型可能有不同的黄金发布时间，如表8-2所示，Up主要根据自己的用户画像和领域来选择黄金发布时间，让更多的用户看到Up主的视频并产生兴趣。

表8-2　不同的账号类型对应的黄金发布时间

账号类型	时间		
	上午	中午	下午
日常		11:00~13:00	18:00~20:00
美妆		12:00~13:00	19:00~21:00
穿搭		11:00~13:00	18:00~22:00
学习	6:00~8:00		18:00~24:00
娱乐		12:00~14:00	20:00~24:00
美食	7:00~9:00	11:00~13:00	17:00~20:00
健身		14:00~16:00	20:00~22:00

续表

账号类型	时间		
	上午	中午	下午
家居	8:00~10:00	12:00~14:00	
数码		14:00~16:00	19:00~21:00
母婴	9:00~10:00		18:00~20:00
探店		12:00~14:00	17:00~21:00
技能	7:00~9:00	11:00~13:00	18:00~24:00

注意：表8-2所示的黄金发布时间只能作为参考，请Up主根据自身账号的数据找到最适合自己的黄金发布时间。

反侵权盗版声明

电子工业出版社依法对本作品享有专有出版权。任何未经权利人书面许可，复制、销售或通过信息网络传播本作品的行为；歪曲、篡改、剽窃本作品的行为，均违反《中华人民共和国著作权法》，其行为人应承担相应的民事责任和行政责任，构成犯罪的，将被依法追究刑事责任。

为了维护市场秩序，保护权利人的合法权益，我社将依法查处和打击侵权盗版的单位和个人。欢迎社会各界人士积极举报侵权盗版行为，本社将奖励举报有功人员，并保证举报人的信息不被泄露。

举报电话：（010）88254396；（010）88258888

传　　真：（010）88254397

E-mail：dbqq@phei.com.cn

通信地址：北京市万寿路 173 信箱　电子工业出版社总编办公室

邮　　编：100036